O cristão e a dor

RICHARD GRÄF

O cristão e a dor

2ª edição

Tradução
Gudrun Hamrol

Título original
Trost im Leid

Copyright © 1962, Arena Verlag, Würzburg

Capa
Gabriela Haeitmann

Dados Internacionais de Catalogação na Publicação (CIP)

Gräf, Richard
O cristão e a dor / Richard Gräf — 2ª ed. — São Paulo: Quadrante Editora, 2025.

ISBN: 978-85-7465-805-6

1. Dor - Aspectos religiosos - Cristianismo 2. Sofrimento - Aspectos religiosos - Cristianismo 3. Sofrimento - Ensino bíblico 4. Sofrimento na Bíblia I. Título

CDD—242.4

Índices para catálogo sistemático:
1. Sofrimento : Meditações : Cristianismo 242.4

Todos os direitos reservados a
QUADRANTE EDITORA
Rua Bernardo da Veiga, 47 - Tel.: 3873-2270
CEP 01252-020 - São Paulo - SP
www.quadrante.com.br / atendimento@quadrante.com.br

SUMÁRIO

A NOSSA VIDA É UM CAMINHO DE DOR	7
A DOR E A JUSTIÇA DIVINA	35
A DOR FORJA O ESPÍRITO	45
A EXPIAÇÃO	63
O SOFRIMENTO DE CRISTO	73
AS TREVAS NA DOR	83
A VONTADE E A PERMISSÃO DIVINAS	93
A DOR QUE AGRADA A DEUS	101
ALEGRIA NA DOR?	115
A DOR E A SANTA MISSA	121
O SOFRIMENTO E A ORAÇÃO	135
A DOR NO MUNDO E NA ETERNIDADE	143
MARIA, MODELO DOS QUE SOFREM	149

A NOSSA VIDA É UM CAMINHO DE DOR

O problema da dor é decerto o maior e o mais grave dos que se apresentam ao homem. Quem não vencer a dor não vencerá a vida. Compreendê-la é compreender a vida. Ora só por meio da Revelação divina podemos conhecer a origem, o sentido e a finalidade da dor, pois nem a ciência nem a experiência de vida bastam para explicá-la. "O problema da dor é a pedra de toque de toda a filosofia"[1]. E podemos mesmo acrescentar: de cada homem.

A nós, cristãos, é-nos dado vencer a dor. Cremos na salvação, na libertação através da dor, e não na libertação da dor. Só na pessoa e nos ensinamentos de Jesus Cristo encontramos a compreensão perfeita da dor.

É por isso, entre outras razões, que os espíritos se dividem diante da pessoa de Cristo e da sua doutrina. Só aqueles que aceitam a cruz podem seguir o Senhor (cf. Mc, 8, 34). Alguns gostariam de dizer como São Pedro: *Deus tal não permita, Senhor!* (Mt 16, 22). Mas todo aquele que quiser aproximar-se de Deus, e não dos homens, tem de seguir Cristo a Jerusalém (cf. Mt 16, 21-23), para lá sofrer com Ele e, se necessário, com Ele morrer.

Mas a dor não é uma realidade sombria. Um cristão que viva a sua fé em pleno seguimento de Cristo até o fim, esse é o homem mais feliz do mundo. Porque a dor é a outra face do amor, e o amor é alegre.

---

[1] Joseph Holzner, *Paulo de Tarso*, Quadrante, São Paulo, 1994.

Ouvimos de São João estas palavras profundas: *Deus caritas est*, Deus é caridade (1 Jo 4, 8). Com elas, abriram-se as portas que nos permitem penetrar na essência e na ação divinas. E é a partir delas — da certeza de que Deus é amor — que se torna mais fácil compreendermos profundamente a dor, muito embora só na eternidade possamos ter dela uma compreensão absoluta.

A Criação nasce da caridade

Comecemos por perguntar-nos: por que razão criou Deus o mundo? Não lhe bastariam a sua vida íntima divina, a sua felicidade, a sua divina bem-aventurança? Não se bastariam as três Pessoas a si próprias? Por que teria Deus forçado o círculo da sua própria vida, passando da eternidade para o tempo, do ser ultra-histórico para o ser histórico?

Acabamos de recordar que Deus é caridade. A caridade faz parte da sua essência, da sua natureza. Mas a caridade não é concebível sem um objeto que a determine: tem de ter um campo de ação, precisa comunicar-se. É movimento, ação, é necessidade e desejo de união entre dois seres. Ora este movimento, a que poderíamos chamar ciclo da caridade, realiza-se desde a eternidade dentro do espaço vital divino. Por isso, considerado do ponto de vista da caridade, não podemos imaginar um Deus unipessoal.

Assim como o sol não pode ocultar e reter em si todo o seu calor e fulgor — só pode existir irradiando e oferecendo-se —, assim também Deus não pode ocultar a sua plenitude de amor, que é como um mar que inunda todas as praias. As ondas do amor de Deus são tão vastas e poderosas que parecem saltar por cima dEle próprio, tornando pouco a pouco visíveis as suas incomparáveis harmonias. E é exatamente esta exuberância de amor que o leva a criar. A caridade de Deus não podia exercer toda a sua virtualidade unicamente no seio da Trindade. Foi ela que "obrigou" Deus a criar o mundo e, principalmente, o homem.

É evidente que em Deus existe a mais perfeita harmonia e que, em termos absolutos, dentro dEle só pode atuar a caridade de benevolência e de complacência. Mas a caridade tem muitas outras facetas e dispõe de muitas outras forças: a caridade da reconciliação, do perdão, da misericórdia. Ora, essas facetas existiam em Deus de certo modo inativas, porque lhes faltava um objeto para se concretizarem.

A luz pura é invisível. O universo, embora inundado de luz, está envolto na mais profunda das noites. A luz só é visível quando incide em algum lugar; nós só conseguimos ver luz refletida. O sol irradia a sua luz, mas não a vê e por isso também não a vive. Mas se essa luz incidir sobre um planeta existente no espaço, este refletirá a luz recebida e reenviará ao sol a sua própria luz. E assim o sol vive a sua luz em astros longínquos e nela se deleita. Analogamente, também Deus enviava em vão a sua caridade conciliadora e misericordiosa através do espaço. Não podia vivê-la porque não havia um objeto para aceitá-la, e foi por isso que aprofundou e alargou o campo de ação da sua caridade com a criação do homem. Onde quer que o homem viva, como planeta à volta de Deus, que é o seu sol, recebe os raios do seu amor e reflete-os, de modo que o Senhor pode viver em nós e por nós aquilo que em si e por si só não podia viver: o seu amor misericordioso.

Por conseguinte, Deus por assim dizer "precisa" de nós e está de certo modo "submetido" a nós para poder expandir toda a plenitude do seu amor. Deus vive em cada homem, de novo e de modo sempre diverso. Ao criá-lo, o Senhor prepara um novo campo de ação e de revelação para a sua caridade misericordiosa — envia um novo raio do seu amor misericordioso, descobrindo uma nova faceta de si mesmo.

A salvação nasce da caridade

Mais claramente ainda do que na criação do homem, a caridade divina manifesta-se na salvação. Aqui se revela a caridade misericordiosa numa luz ainda mais magnífica. Depois do pecado original, a justiça divina exigia — tal como aconteceu com os anjos — um castigo justo. Mas neste caso a misericórdia levou a justiça a trilhar outros caminhos: *Amei-te com um amor eterno: por isso, compadecido de ti, te atraí a mim* (Jr 31, 3).

Na vida corrente, ninguém paga por uma coisa mais do que ela vale. Mas, além do valor objetivo das coisas, há ainda um valor estimativo, que na maior parte dos casos ultrapassa bastante o primeiro. Um grande amor não é calculista, não resolve as coisas pelo raciocínio, *não busca os próprios interesses* (1 Cor 13, 5). O calculista que toma uma decisão pelo raciocínio não atingiu ainda um grande amor, porque este é cego. Aos olhos de um indiferente, o procedimento do indivíduo que ama assemelha-se ao de um louco. Se nos fosse permitido exprimir-nos assim, diríamos que, à força de nos amar, Deus se tornou de certo modo doido por nós.

Mas *o que é loucura em Deus é mais sábio que os homens* (1 Cor 1, 25).

Para nos livrar da sujeição ao pecado, Deus pagou um valor estimativo e não real. Pagou e sacrificou por nós infinitamente mais do que aquilo que valíamos. *Porque vós sabeis que fostes resgatados* [...] *não ao preço de coisas corruptíveis, de ouro ou de prata, mas pelo precioso sangue de Cristo, como de um cordeiro imaculado e sem defeito algum* (1 Pe 1, 18-19). Quase se poderia dizer que Deus nos amou mais do que amou o seu Filho, porque, se assim não fosse, não o teria sacrificado por nós: *Porque de tal modo amou Deus o mundo que lhe deu o seu Filho unigênito* (Jo 3, 16; cf. Rm 8, 32); *nisto se manifestou a caridade de Deus para conosco, em que Deus enviou o seu Filho unigênito ao mundo* (1 Jo 4, 9; Jo 3, 16).

No seu amor por nós, homens, Deus foi na realidade até ao extremo. A sua sabedoria não poderia imaginar, nem a sua onipotência criar sacrifício maior do que aquele que fez por nós na pessoa do seu Filho.

Bonum est diffusivum sui: a bondade e o amor tendem naturalmente a difundir-se. Por amor, Deus entregou-se completamente a nós. Dando-nos o seu Filho, deu tudo o que, como Deus, podia dar. Ele não sabia, por assim dizer, que mais fazer: "Que poderia eu ainda fazer que não o tivesse feito?"[2] Quem não conhece a Deus não imagina de que coisas é capaz o amor. Dar-se a si próprio é o seu maior requinte.

Deus é caridade. O infinito e misericordioso amor divino tornou-se palpável no Filho. *Deus, tendo falado outrora*

---

2   Liturgia da Sexta-feira Santa, *Cânticos para a adoração da Santa Cruz, Impropérios;* cf. Mq 6, 3 e Is 5, 4.

muitas vezes e de muitos modos aos nossos pais pelos profetas, ultimamente falou-nos por meio do seu Filho (Heb 1, 1). Nele surgiu o amor divino feito homem. Através de Cristo, o fluxo vigoroso e puro do amor misericordioso de Deus decompôs-se como a luz através de um prisma, e foi-nos apresentado com todos os seus maravilhosos matizes.

É evidente que Cristo não foi sacrificado por um imperativo necessário: *Oblatus est quia ipse voluit* : "foi oferecido porque Ele mesmo quis" (Is 53, 7). Um só sofrimento de Cristo teria bastado para salvar mil mundos, mas o seu amor misericordioso por nós impeliu-o — como ao Pai — a ir até o limite extremo do possível. *Tendo amado os seus que estavam no mundo, amou-os até ao fim* (Jo 13, 1), até aos limites do tempo, do espaço e do possível. Não lhe bastou despojar-se da sua forma divina (cf. Fl 2, 6); o seu amor por nós levou-o a ir mais longe, até, por assim dizer, renunciar mesmo à sua forma humana: *Não tinha graça nem beleza que atraísse os nossos olhares, e o seu aspecto não podia seduzir-nos. Era desprezado, era a escória da humanidade, homem das dores, experimentado nos sofrimentos [...]. Foi maltratado e resignou-se; não abriu a boca, como um cordeiro que se conduz ao matadouro* (Is 53, 2-7).

A Providência e o amor

Só se partirmos da premissa do amor misericordioso de Deus poderemos compreender a sua maneira de agir. Só assim nos será possível compreender, até certo ponto, a criação e a salvação dos homens; só assim estaremos em condições de compreender a Providência divina. Deus só pode ser bom. Diz um velho axioma filosófico que *operatio sequitur esse*, a ação decorre do ser. Ora, se Deus é bom, a sua ação *ad extra*, "para fora de si mesmo", baseia-se na bondade. Em Deus não há egoísmo, não há injustiça, e por isso nem esta nem aquele se manifestam nos seus atos para com a humanidade.

Mais ainda, Deus não sacrificou o seu Filho bem-amado pela humanidade em geral, sacrificou-o por cada um de nós: não abandona ninguém, não esquece ninguém. Um pai pode eventualmente esquecer um filho, ou mesmo repeli-lo. Mas poderá fazê-lo uma mãe? Conseguirá ela esquecê-lo para sempre? Não, porque se sacrificou muito mais pelo filho, sofreu por ele as dores do parto. "O homem apega-se tanto mais a uma pessoa quanto mais por ela se sacrifica" (Hasse). Não se passará o mesmo com Deus? *Pode uma mãe esquecer-se do fruto das suas entranhas?* [...]. *Mas, mesmo que ela o esqueça, eu não me esquecerei de ti* (Is 49, 15).

Ora ninguém se sacrificou por nós como Deus. Ninguém, portanto, nos pode amar como Ele. Ninguém pode ter melhores intenções a nosso respeito. São Francisco de Sales dizia: "Se eu pudesse escolher entre ser julgado por Deus e por minha mãe, escolheria Deus".

Deus persegue cada homem individualmente com o seu amor misericordioso. Acompanha-o até o último instante de vida. Um dia, o Cura d'Ars foi procurado por uma senhora distinta que estava muito preocupada com a salvação da alma do marido. Julgava-se de certo modo culpada por ele se ter suicidado, atirando-se de uma ponte. O santo sacerdote consolou-a: "O seu marido está salvo. O tempo que decorreu entre o salto e a morte foi suficiente para Deus lhe conceder a graça do arrependimento".

"Enquanto há vida — diz São Leão Magno —, há esperança de salvação". Deus preocupa-se com a nossa salvação, mais do que uma mãe. Aproveita todas as possibilidades, por mais insignificantes que sejam, para conquistar o coração do homem. Por isso só se perde aquele que realmente quer perder-se. A misericórdia de Deus ultrapassa de longe os nossos pecados: *Onde abundou o pecado, superabundou a graça* (Rm 5, 20).

Amor misericordioso, mesmo quando castiga

Se Deus é somente amor, ser-nos-á lícito falar de um *autêntico* Deus justiceiro? A verdade é que, quando Deus castiga, fá-lo sobretudo para corrigir e prevenir. Porque para os homens, enquanto estão no mundo, o Senhor é fundamentalmente misericordioso. Só no juízo final será um Deus justiceiro, para quem tiver repelido o Deus misericordioso.

Se às vezes não compreendemos Deus no seu amor misericordioso, é por nossa própria culpa. Bastava que nos compenetrássemos da verdadeira noção do amor, para não surgirem nunca determinadas dificuldades. O amor verdadeiro, autêntico, não pode responder sempre "sim". Quando necessário, tem de saber dizer "não".

A felicidade do amor consiste em dedicar-se completamente, em entregar-se sem reservas. Para um amor profundo, é muito difícil não poder dar-se, ter de ocultar-se e, principalmente, ter de punir. Quando uma pessoa que ama tem de castigar, ela própria sofre por não poder exteriorizar os seus verdadeiros sentimentos, por ter de magoar o objeto do seu amor. Quem ama sabe que, para castigar, é necessário um amor muito maior do que para fazer bem.

Só é autêntico o amor que, quando necessário, sabe punir. E porque este amor autêntico quase não existe sobre a face da terra, muitas mães já não têm coragem para castigar os filhos, muitas namoradas não têm valor para dizer "não". O pior amor, insistimos, é aquele que diz "sim", sempre e a tudo.

Ora, como este amor autêntico é difícil, não conseguimos compreender o amor que o Senhor tem por nós. O amor falso compraz-se em receber, o verdadeiro em dar. É por isso, que, para Deus — que é amor —, não pode haver felicidade maior do que a de se dar constantemente. E é por isso também que Deus não castiga apenas para castigar; envia sofrimentos, não para atormentar, "mas para que queiras chorar".

Deus só castiga, só pode castigar, quando é necessário e na medida em que é necessário. Mas nesses casos o Senhor, no seu grande e verdadeiro amor, tem também a coragem e a força de levar a cabo o castigo. Lembremo-nos destas palavras de São Paulo: *Se a minha carta vos causou dor, não me arrependo disso [...]; agora alegro-me, não por ter-vos entristecido, mas porque a vossa tristeza vos levou à penitência* (2 Cor 7, 8-9).

Deus quis e quererá sempre o nosso bem. Colocou-nos num paraíso terrestre, num paraíso de delícias, do qual poderíamos entrar imediatamente em outro, mais belo e eterno. Por culpa do homem, esse primeiro plano divino de salvação foi destruído. Mas, mesmo depois do pecado original, a vida dos filhos de Deus podia continuar a ser um reflexo do primitivo paraíso.

O cristão e a dor

Ao dar-nos o seu Filho como Salvador, Deus ofereceu-nos de fato mais do que possuíamos no paraíso, deu-nos mais do que tínhamos perdido. "Ó feliz culpa!", exclama por isso Santo Agostinho[3]. É certo que o pecado original trouxe consigo muitas dores para os nossos primeiros pais e para nós mesmos. Mas mesmo assim a vida na terra ainda seria bela, se não a tivéssemos tornado tão difícil com os nossos pecados pessoais. Depois do pecado dos nossos primeiros pais, Deus continuou a ser, tal como antes, um Deus de bondade, amor e misericórdia, cuja bem-aventurança é ser bom, que não tem o menor desejo de nos tornar infelizes. Depois de a dor se ter abatido sobre os homens por causa do pecado original, Deus fez tudo quanto pôde para nos tornar suportável a vida neste mundo.

O amor e os mandamentos

Deus exerce a sua vontade na natureza por meio das leis naturais. E também deu ao homem "leis naturais", leis que correspondem à natureza humana — dentro de cujos limites nos está assegurada uma existência digna. Mas não são leis que nos tenham sido impostas, ao contrário das leis que regem a natureza: Deus deixou-as à nossa liberdade.

Que belo poderia ser o mundo se todos quisessem submeter-se livremente a elas! Haveria diferenças de opinião entre os membros de uma família, entre os povos,

---

[3] Expressão atribuída a Santo Agostinho e incluída pela liturgia no *Pregão pascal*, que se reza na cerimônia da Vigília da Páscoa; completa, diz assim: "Feliz a culpa [de Adão], que nos mereceu tal Redentor!" (N. do E.).

mas não haveria discussões nem guerras. Se tivéssemos consideração e respeito pelo próximo, pela sua honra e pelos seus bens, se todos possuíssemos um pouco de espírito de sacrifício, de amor pelo próximo e paciência, a vida sobre a terra seria magnífica. Mas *todos pensam apenas em si* (Fl 2, 21), cuidam apenas de si. Ninguém deve, pois, surpreender-se de que se tenha instaurado uma confusão ainda maior do que aquela que se seguiu à Queda.

Embora Deus tenha dado os mandamentos entre relâmpagos e trovões no monte Sinai, eles não são mais que uma manifestação de amor. Não nos foram dados para dificultar-nos a vida, para nos oprimir, para nos mostrar que Ele é o Senhor e nós os servos a quem cabe apenas obedecer. Não no-los deu em atenção a si, mas a nós. Sem essas grandes diretrizes do seu amor, não seria possível uma existência humana digna. Mesmo que Deus não existisse, e nós, homens, apoiados na razão, pretendêssemos estabelecer leis para a nossa vida no mundo, chegaríamos naturalmente ao conhecimento da maior parte dos dez mandamentos.

Deus não quis estreitar o nosso espaço vital nem, principalmente, interferir na nossa liberdade. Se há alguém que tenha consideração pela liberdade dos homens, esse alguém é Deus. Ou será que os sinais colocados na subida para o cimo das montanhas se destinam a limitar a liberdade dos alpinistas? Não. Servem apenas para lhes dizer que um caminho leva ao cume e outro ao abismo. Foi para isso que Deus colocou os dez mandamentos no nosso caminho: para nos indicar a trilha que conduz ao alto. Ergueu muros nos pontos mais perigosos da nossa vida, não para impedir-nos a ascensão, mas para torná-la segura.

Foi, pois, por um ato de puro amor que Ele deu ao homem a lei natural, os dez mandamentos. Se fizéssemos os sacrifícios que acompanham a observância dos mandamentos, não teríamos necessidade de fazer centenas e até milhares de outros sacrifícios. Mas acontece que por vezes não ouvimos a voz da razão e da consciência, e nos pomos a percorrer caminhos que, por não coincidirem com a vontade de Deus, nos levam a mergulhar na fragilidade das coisas temporais e muitas vezes à perdição eterna. Quando o homem se desliga de Deus e procura tornar-se independente, vai ao encontro da perdição. Assim como a terra só pode subsistir como tal enquanto depender do sol, girando à volta dele em movimento de translação, assim também o homem só terá uma vida digna enquanto girar em torno de Deus.

A linguagem da dor

Por culpa do pecado dos nossos primeiros pais, o homem perdeu um paraíso; e corre o risco de perder também o segundo, mais belo, eterno, em consequência dos seus pecados pessoais. Ora, Deus "opõe-se" a essa possível perda, na medida em que, como Deus, isso lhe é possível. Ele *quer que todos os homens se salvem* (1 Tm 2, 4), e para isso, em medidas humanas, foi até os limites do possível: *amou-nos até o fim* (Jo 13, 1).

Mas o amor exige reciprocidade. Quando duas pessoas se amam com verdadeiro amor, começam, antes de mais, por exigir sacrifícios a si próprios. Cada um se esforça por aproximar-se do outro. Da mesma forma, Deus exige que nós cooperemos com Ele. E por muito que nos peça, tudo será pouco se comparado com o muito que sacrificou por nós na pessoa do seu Filho.

Mas nós não queremos ouvir a linguagem do amor. Assim, Deus não tem outra saída senão servir-se da linguagem da dor. E que aprendemos nós com a linguagem da dor? Assim como as crianças só deixam de brincar com o fogo quando os pais as castigam, assim também nós, crianças crescidas, só nos afastamos do pecado quando experimentamos a dor, o sofrimento.

No entanto, logo que este passa, voltamos de novo ao pecado. "Gememos de dor, mas não nos corrigimos. Quando estendes a mão para nos castigar, prometemos proceder bem; quando retiras a espada, não mantemos a promessa feita. Se nos bates, gritamos para que nos poupes; se nos poupas, incitamos-te a novos golpes"[4]. *Os homens preferiram a morte à vida, as trevas à luz* (Jo 3, 19).

Com efeito, quase nada aprendemos com a dor alheia e nem mesmo o que sofremos nos torna mais lúcidos. Depois da Grande Guerra de 1914-1918, foram muitos os que juraram que nunca mais haveria guerra. Mas, passados alguns anos, foi o que todos sabem.

A linguagem das catástrofes

Aos homens que procuram aproximar-se de Deus, o Senhor fala-lhes através da luz suave de uma estrela (cf. Mt 2, 2), dirige-se a eles no murmúrio do vento (cf. 1 Rs 19, 12). Mas se não consegue fazer-se ouvir através da linguagem da suavidade, do amor e da bondade,

---

[4] Oração de Urbano VIII.

fala, em voz mais vibrante e clara, através da linguagem da dor. E se mesmo assim não é ouvido, então fala-lhes como a surdos e duros de coração, através da linguagem das catástrofes.

Na verdade, quando os tempos decorrem tranquilos e agradáveis, os homens tornam-se arrogantes, afastam-se do Senhor; julgam poder passar sem Ele, pensam que podem transformar pelos seus próprios méritos o mundo num paraíso. Pouco depois, quando começam a avançar pelo caminho que os há de conduzir ao "paraíso", surge repentinamente a catástrofe e então, perante a fatalidade, perdem a cabeça e atribuem as culpas a Deus. "Como será possível que Deus permita tais coisas, que não intervenha, que não estabeleça a ordem, que não ponha fim à guerra e à miséria?"

A verdade, porém, é que Deus não tem nada a ver com a guerra. Ele não é o Deus da guerra, mas o Deus da paz: *Eu tenho para convosco pensamentos de paz e não de aflição, diz o Senhor* (cf. Jr 29, 11). As guerras, foram os povos que as começaram. Não teriam sido possíveis se todos tivessem agido de acordo com os dez mandamentos. Por isso não devem esperar a paz de Deus, mas de si próprios.

Do mesmo modo, Deus não povoou a terra de homens para os fazer morrer de fome. Ele, que veste os lírios e cuida dos pássaros do céu, com muito mais razão cuida de nós, seus filhos. Se nos deu a vida, não nos vai certamente recusar os alimentos essenciais. Se nos deu o corpo, dar-nos-á também com que cobri-lo (cf. Mt 6, 25-34). Muito antes de termos pronunciado o quarto pedido do Pai-nosso, *O pão nosso de cada dia nos dai hoje* (Lc 11, 3), Deus já havia feito crescer para nós o pão. Deixou, porém, aos nossos cuidados a sua distribuição, e é nesta que se manifesta todo o egoísmo desenfreado dos homens. Todas as guerras, fomes, terremotos, doenças endêmicas e epidêmicas que desde todos os tempos vêm assolando a humanidade não seriam tão graves se os homens quisessem aprender a lição. O pior é que acabam sempre por repetir os mesmos erros. "Aprende-se da história que da história nada se aprende", disse Nietzsche.

Por isso, com as catástrofes — e principalmente com as guerras —, as coisas passam-se como com os escândalos. Não deviam ser necessários, mas, como os homens não querem mudar, haverá sempre escândalos (cf. Lc 18, 1): *Ouvireis falar de guerras e de rumores de guerras* (Mt 24, 6). Temos de resignar-nos a isso, e embora a generalidade dos homens não aprenda com a desgraça, é necessário pelo menos que cada qual seja suficientemente sensato para tirar para si o máximo proveito.

Limites do amor

Já perdemos um paraíso e Deus quer a todo o custo conservar-nos aberto o acesso ao outro, o eterno. É por isso que, no seu amor por nós, nos prega através da linguagem das catástrofes, porque nos *ama com amor eterno* (Jr 31, 3) e quer ver-nos a todos na felicidade suprema do Céu.

O Senhor quer expandir em nós a sua magnificência. O amor aumenta quando se dá, quando se partilha. "Alegria partilhada é alegria dobrada". *É maior ventura dar do que receber* (At 20, 35). Quantos mais homens Deus fizer partilhar da sua felicidade eterna, tanto maiores serão o louvor e a honra que lhe hão de prestar.

O cristão e a dor

Talvez pudéssemos perguntar por que razão Deus não nos ajuda de tal modo que nenhum de nós se perca. Há dois limites para a ação externa de Deus. O primeiro está, por assim dizer, nEle próprio. Deus não pode ultrapassar-se a si próprio. O seu amor misericordioso forçou-o a ir até o limite extremo de nos dar no seu Filho unigênito tudo o que nos podia dar.

O segundo limite foi imposto por Ele a si próprio: é a liberdade do homem, sobre a qual assenta toda a economia da salvação. Sem liberdade, não haveria recompensa nem castigo, nem céu nem inferno. Se recebêssemos da misericórdia divina tantas graças que tivéssemos de acatar necessariamente os mandamentos da Lei de Deus, a sua justiça já não poderia recompensar-nos.

Deus respeitará sempre a liberdade que nos entregou como um dom precioso. Pede, nunca impõe: *Eis que estou à porta e bato...* (Ap 3, 20). Respeita a nossa liberdade, nunca lhe transpõe os limites. Faz tudo para salvar cada homem de per si. Cada homem será ele próprio culpado se vier a perder-se.

NOTA DO EDITOR. O autor trata do tema da dor e das catástrofes a partir da perspectiva do cristão que já tem fé. No entanto, há também algumas outras facetas a considerar, uma vez que o chamado "problema do mal" é o único argumento razoavelmente consistente que se esgrimiu ao longo dos séculos contra a existência de Deus, e na prática constitui muitas vezes uma "pedra de escândalo" que suscita dúvidas ou dificulta a muitas pessoas o acesso à fé. Vale a pena citar, neste contexto, o *Catecismo* da *Igreja Católica*, que trata desta questão de maneira muito honesta e contundente.

Em primeiro lugar, vejamos o argumento central, na pungente formulação de C.S. Lewis: "Se Deus fosse bom, quereria tornar as suas criaturas perfeitamente felizes. Se fosse todo-poderoso, seria capaz de fazer o que quisesse. Mas as criaturas não são felizes. Portanto, ou Deus carece de bondade, ou de poder, ou dos dois"[5].

O *Catecismo* responde a isso reconhecendo antes de mais nada a dureza do problema e formulando de maneira ampla as linhas centrais da solução:

> "Se Deus Pai todo-poderoso, Criador do mundo ordenado e bom, cuida de todas as suas criaturas, por que então existe o mal? Para esta pergunta tão premente quão inevitável, tão dolorosa quão misteriosa, não há uma resposta rápida. É o conjunto da fé cristã que constitui a resposta a essa pergunta: a bondade da criação, o drama do pecado, o amor paciente de Deus que se antecipa ao homem por suas Alianças, pela Encarnação redentora do seu Filho, pelo dom do Espírito, pelo congraçamento da Igreja, pela força dos sacramentos, pelo chamado a uma vida bem-aventurada à qual as criaturas livres são convidadas antecipadamente a assentir, mas da qual podem, por um terrível mistério, abrir mão também antecipadamente. *Não há nenhum elemento da mensagem cristã que não seja, em parte, uma resposta à questão do mal* "[6].

A seguir, começa por dividir a questão em duas: a do *mal físico*, que deriva da necessária limitação do Universo criado, e a do *mal moral*, que deriva do agir livre do ser

---

5 C.S.Lewis, *The problem of pain*, em *The Complete C.S.Lewis Signature Classics*, Harper Collins, Nova York, p. 379.

6 *Catecismo da Igreja Católica*, n. 309. Doravante esta obra será mencionada apenas como *Catecismo* (N. do E.).

humano e de todas as criaturas espirituais. Quanto à primeira questão, diz-nos o *Catecismo*:

> "Mas por que Deus não criou um mundo tão perfeito que nele não possa existir mal algum? Segundo o seu poder infinito, Deus sempre poderia criar algo melhor[7]. Todavia, na sua sabedoria e bondade infinitas, Deus quis livremente criar um mundo «em estado de caminhada» [*in statu viae*] para a sua perfeição última.
>
> "Este devir permite, no desígnio de Deus, juntamente com o aparecimento de determinados seres, também o desaparecimento de outros, juntamente com o mais perfeito, também o menos perfeito, juntamente com as construções da natureza, também as destruições. Juntamente com o bem físico existe, portanto, o *mal físico*, enquanto a criação não houver atingido a sua perfeição"[8].

A Criação, pois, é limitada e imperfeita, uma vez que *está a caminho* da perfeição. Essa limitação traz consigo uma certa medida de mal aparente: tsunamis e terremotos causados pela movimentação de placas tectônicas, erupções vulcânicas, desabamentos causados por chuvas, as doenças e a morte biológicas, etc. Em sentido estrito, porém, não se trata de um *mal*, pois não implica uma revolta contra a vontade de Deus: poderíamos dizer que é apenas um estágio temporário de preparação do Universo para os *novos céus e a nova terra* descritos figuradamente pelo Apocalipse (cf. Ap 21, 1-22, 5).

A limitação da Criação implica uma ordem regular do mundo material que, para nós, tem os seus prós e os seus contras: se "para baixo todo o santo ajuda, / para

---

[7] Cf. São Tomás de Aquino, *Summa theologica*, I, 25, 6.
[8] Cf. São Tomás de Aquino, *Summa contra gentiles*, III, 1. *Catecismo*, n. 310.

cima a coisa toda muda". Se descemos uma encosta, teremos de subi-la ao percorrê-la em sentido contrário; a dor às vezes insuportável que um câncer provoca deriva da mesma sensibilidade que nos permite experimentar todos os prazeres, afetos e alegrias; a morte deriva do fato de vivermos.

Não podemos ter umas coisas sem as outras, a não ser que, todas as vezes que estivesse para ocorrer conosco algo de desagradável, houvesse uma exceção, uma suspensão da ordem natural: sempre que estivéssemos a ponto de bater a cabeça numa porta, a madeira deveria amolecer repentinamente para amortecer o choque; mas contra o ladrão, a porta deveria permanecer dura. As bactérias que causam infecções em outros deveriam perder virulência sempre que chegassem a nós; etc. etc.

Ou seja, um mundo limitado em que não houvesse limitações — ao nosso antolho — teria de ser um mundo em que Deus fizesse milagres continuamente segundo a conveniência de cada um. Mas um mundo assim seria curiosíssimo; algo assim como um jogo de futebol em que as regras fossem alteradas a cada minuto, segundo o interesse dos jogadores. Mas, considerando que há vinte e dois jogadores em campo, sem falar dos técnicos e dos reservas — e o público, como fica? —, será que ainda sobraria algo vagamente parecido com futebol? Não teríamos antes um caos puro e simples?

Isso às vezes é interpretado como uma limitação da onipotência divina, mas apenas porque interpretamos "onipotência" como a capacidade de fazer qualquer coisa que se queira. Onipotência não significa isso; significa que Deus *dá o ser* a tudo aquilo que Ele quer; mas não pode fazer o absurdo, o *não-ser*, pura e simplesmente porque "o não-ser não é". Dizer que a onipotência significa que o Senhor poderia fazer uma madeira que fosse dura e mole ao mesmo tempo, ou ondas de som que conduzissem palavras verdadeiras mas não mentirosas, é não dizer nada, porque nos limitamos neste caso a proferir um absurdo, palavras ocas sem sentido real, como desejar um círculo quadrado. "Realizar ao mesmo tempo duas opções mutuamente exclusivas não é mais possível para Deus que para a mais fraca das suas criaturas; não porque o poder divino encontre nisso um obstáculo insuperável, mas porque um absurdo é sempre um absurdo, mesmo quando falamos de Deus"[9].

Quando reclamamos muito das limitações que a nossa condição nos expõe, tanto as leves — por exemplo, a impossibilidade de voar sem avião — como as graves — por exemplo, a possibilidade de contrair um câncer e morrer prematuramente —, o problema talvez esteja mais no nosso desejo inconfessado de ter um mundo inteiramente preparado ao *nosso* gosto, do que numa apreciação objetiva da realidade. O personagem de quadrinhos Calvin, um garoto de uns nove anos, ilustra bem esse nosso desajuste básico com relação à realidade; quando a mãe lhe diz que vá brincar no jardim, reclama: "Mas lá fora está quente demais..., é úmido demais..., e tem insetos! É *real* demais!"

Esse desajuste do ser humano revela, por um lado, que efetivamente não tínhamos sido projetados para estar submetidos à limitação, ao menos no grau em que estamos agora: é o que o Gênesis narra ao situar a criação de Adão no Éden, no paraíso terrestre.

---

[9] C.S.Lewis, *The problem of pain*, p. 380.

"Interpretando de maneira autêntica o simbolismo da linguagem bíblica à luz do Novo Testamento e da Tradição, a Igreja ensina que os nossos primeiros pais, Adão e Eva, foram constituídos num estado «de santidade e de justiça original»[10]. Esta graça da santidade original era uma participação da vida divina[11]. Pela irradiação desta graça, todas as dimensões da vida do homem eram fortalecidas. Enquanto permanecesse na intimidade divina, o homem não devia nem morrer (cf. Gn 2, 17; 3, 19) nem sofrer (cf. Gn 3, 16). A harmonia interior da pessoa humana, a harmonia entre o homem e a mulher (cf. Gn 2, 25) e, finalmente, a harmonia entre o primeiro casal e toda a criação constituíam o estado denominado «justiça original»"[12].

Por outro lado, se perdemos o estado de justiça original, foi por nossa culpa ou, mais exatamente, por culpa dos nossos primeiros pais que, como "protótipos da humanidade", transmitiram a todos os seus descendentes as consequências do pecado original. Nas palavras do *Catecismo*:

"A Escritura mostra as consequências dramáticas desta primeira desobediência. Adão e Eva perdem de imediato a graça da santidade original (cf. Rm 3, 23). [...] A harmonia na qual estavam, estabelecida graças à justiça original, está destruída; o domínio das faculdades espirituais da alma sobre o corpo é rompido (cf. Gn 3, 7); a união entre o homem e a mulher é submetida a tensões (cf. Gn 3, 11-13) [...]. A harmonia com a criação está rompida: a criação visível tornou-se para o homem estranha e hostil (cf. Gn 3, 17.19). Por causa do homem, a criação passa a estar submetida à «servidão da corrupção» (cf. Rm 8, 20). Finalmente, vai realizar-se a consequência explicitamente anunciada para o caso

---

10   Concílio de Trento: DS. 1511.
11   Cf. Constituição Dogmática sobre a Igreja *Lumen Gentium*, 21.11.1964, n. 2.
12   *Catecismo*, ns. 375-376.

de desobediência (cf. Gn 2, 17): o homem «voltará ao pó do qual é formado» (cf. Gn 3, 19), *a morte entrará na história da humanidade* (cf. Rm 5, 12)"[13].

A particular agudeza do nosso desajuste existencial deriva, pois, de nos encontrarmos num "estado de pecado", num estado para o qual não havíamos sido projetados, esse a que damos o nome de pecado original. Participamos desse pecado ao nascer, e ainda o aprofundamos pelos nossos pecados pessoais. E esta é uma realidade; diante dela, de nada adianta refugiarmo-nos em atitudes de fuga ou de ressentimento, que são absolutamente incapazes de mudar seja o que for.

Muito pior do que o mal físico é o mal propriamente dito, o *mal moral*, o mal que deriva dos pecados dos homens.

Com efeito, o próprio mal físico costuma ser potenciado pelo ser humano: não é verdade que a imensa maioria dos acidentes automobilísticos leves e graves não derivam das leis da física ou das limitações da capacidade de atenção humana, e sim da nossa imprudência e tolice? Quantas doenças não derivam de um modo de vida errado — das diversas variantes da gula, de ansiedades, preocupações e tensões que em última análise remontam à nossa vaidade e ao nosso orgulho? Isso, para não falarmos das catástrofes provocadas diretamente pelos nossos vícios, como as guerras, crises econômicas e todo o lamentável cortejo dos nossos pecados em pequena e grande escala.

O mal moral deriva, não da necessária limitação da Criação, mas da opção livre da criatura:

---

13 *Catecismo*, ns. 399-400.

"Os anjos e os homens, criaturas inteligentes e livres, devem caminhar para o seu destino último por opção livre e amor preferencial. Podem, no entanto, desviar-se. E, de fato, pecaram. Foi assim que o *mal moral* entrou no mundo, incomensuravelmente mais grave do que o mal físico. Deus não é de modo algum, nem direta nem indiretamente, a causa do mal moral[14]. Todavia, permite-o, respeitando a liberdade da sua criatura e, misteriosamente, sabe auferir dele o bem: «Pois o Deus todo-poderoso..., por ser soberanamente bom, nunca deixaria qualquer mal existir em suas obras se não fosse bastante poderoso e bom para fazer resultar o bem do próprio mal»"[15].

As dúvidas que o imenso panorama dos males físicos e morais inextricavelmente unidos suscita vão geralmente na linha das que já vimos, e as respostas igualmente. Por que Deus não nos fez livres e impecáveis? Simplesmente porque isso significaria que deveria ter feito uma criatura livre e não-livre ao mesmo tempo; ou seja, um contrassenso.

Então, por que Deus não poupa os inocentes das consequências dos pecados alheios? A resposta, mais uma vez, é: criar um ser livre, mas cuja liberdade não tivesse efeito nenhum, significaria que esse ser na prática simplesmente não seria livre; caímos no mesmo contrassenso anterior.

Mas se Deus já podia prever todos os males que causaríamos uns aos outros e que teríamos de sofrer, por que nos fez livres? A resposta, muito simples, é: "Você prefere ter um filho ou um robô?" Um robô é obediente, previsível, incapaz de rebelar-se... e também de amar. Já um filho é imprevisível, e pode mesmo voltar-se contra você quando for mais velho; mas pode amar, isto é, entregar

---

14   Cf. Santo Agostinho, *De libero arbitrio*, I, 1, 2; São Tomás de Aquino, *Summa theologica*, I-II, 79, 1.
15   Santo Agostinho, *Enchiridion de fide, spe et charitate*, 3, 11. *Catecismo*, n. 311.

livremente o seu eu a você em troca da doação de amor que você lhe fez. E por um amor assim vale a pena que se corram todos os riscos.

O que nos conduz novamente a uma verdade muito dura — se bem que todo o tema do sofrimento seja terrivelmente duro, e nos ponha diante de decisões que ou nos fazem amadurecer como homens e mulheres plenos, ou nos fazem afundar irremediavelmente na infantilidade e na autocomiseração. A verdade é esta: mesmo que apenas um número minúsculo de seres humanos amasse a Deus como corresponde à sua vocação natural, à razão pela qual foram criados — ou seja, se se empenhassem por ser santos —, esses poucos compensariam amplamente o imenso número dos que se perdessem, que neste caso não passariam de "lixo cósmico". Esta última imagem, aliás, é de Cristo, e repetidamente usada: por exemplo, *se a tua mão direita é para ti causa de queda, corta-a e lança-a para longe de ti, porque te é preferível perder-se um só dos teus membros, a que o teu corpo inteiro seja atirado na geena* (Mt 5, 30). Ora, *geena* — o vale de Hinon, *ge-Hinon*, em aramaico — era o lugar onde se lançava todo o lixo de Jerusalém, um vasto depósito de trastes e restos podres, onde os leprosos buscavam o seu miserável sustento e acendiam fogueiras com que procuravam esquentar-se, apta imagem do inferno *onde o fogo não se apaga e o verme não morre* (Mc 9, 48).

Se entendemos que o Universo foi em última análise criado para os santos, e que os pecadores não passam de um "subproduto descartável" deste mundo que está a caminho da sua perfeição, sofreremos o choque salutar que permite entender por que Deus permite aos homens fazer o mal, e tanto mal, durante o pouco tempo que lhes é concedido.

A liberdade é um "mistério tremendo" e uma tremenda responsabilidade. É muito duro, sem dúvida; mas o fato é que está nas nossas mãos, a cada momento em que vivemos, a possibilidade de dizer "sim" — com obras decididas — ao infinito amor criador de Deus, ou de relegar-nos ao papel de lixo descartado por toda a eternidade.

Neste mundo, não apenas males físicos e morais estão inextricavelmente misturados, mas também bens e males. Quantas vezes coisas que nos pareciam males, ou realmente o eram, não se revelam bens ainda nesta vida? Tal família ainda estaria unida se não fosse pelo filho com síndrome de Down, que tanto fez sofrer os pais e os irmãos no começo, mas depois se tornou o centro que catalisou os afetos de todos? Teríamos amadurecido sem aquela injustiça que sofremos por parte dos nossos pais ou do nosso chefe?

São Josemaria Escrivá fazia uma comparação que, neste sentido, pode ser-nos esclarecedora:

> "Visitei certa vez uma fábrica de tapeçarias, onde copiavam uma, procedente de uma casa real. Estava já terminada uma grande parte da tapeçaria: desenhavam-se com precisão e colorido cavaleiros, armaduras, e o céu azul muito bonito. Depois, olhei-a por trás, e tudo eram nós, fios sem aparência... Assim é a nossa vida"[16].

Vista do nosso ângulo presente, a nossa vida individual e a da humanidade como um todo podem parecer uma confusão sem sentido de coisas boas e más; será preciso deixar que passe o tempo, talvez até chegarmos a poder

---

16 Cit. por Andrés Vázquez de Prada, *O Fundador do Opus Dei*, Quadrante, São Paulo, 2023, p. 507.

compartilhar do ponto de vista divino, para que tenhamos condições de tomar consciência do significado do conjunto.

É o que nos diz também o *Catecismo*:

> "Com o passar do tempo, pode-se descobrir que Deus, na sua providência todo-poderosa, pode extrair um bem das consequências de um mal, mesmo moral, causado pelas suas criaturas: «Não fostes vós, diz José aos seus irmãos, que me enviastes para cá, foi Deus; [...] o mal que tínheis a intenção de fazer-me, o desígnio de Deus o mudou em bem a fim de [...] salvar a vida de um povo numeroso» (Gn 45, 8; 50, 20; cf. Tb 2, 12-18 Vulg). Do maior mal moral jamais cometido, a saber, a rejeição e o homicídio do Filho de Deus, causado pelos pecados de todos os homens, Deus, pela superabundância da sua graça (cf. Rm 5, 20), tirou o maior dos bens: a glorificação de Cristo e a nossa Redenção. Com isso, porém, o mal não se converte em um bem"[17].
>
> "A permissão divina do mal físico e do mal moral é um mistério que Deus ilumina pelo seu Filho, Jesus Cristo, morto e ressuscitado para vencer o mal. A fé nos dá a certeza de que Deus não permitiria o mal se do próprio mal não tirasse o bem, por caminhos que só conheceremos plenamente na vida eterna"[18].

Nisto está a resposta central que o cristianismo oferece ao problema da dor e do mal no mundo. *O mal, longe de provar a impotência ou a falta de bondade divinas, é justamente ocasião da maior prova da sua bondade e do seu poder infinitos.* Deus não poderia poupar-nos às consequências da nossa liberdade sem fazer de nós robôs teleguiados; mas pode reverter essas consequências em benefício nosso, se o deixarmos agir e lhe correspondermos. De certa forma,

---

17 *Catecismo*, n. 312.
18 *Catecismo*, n. 324.

podemos dizer que a sua "especialidade" neste mundo se tornou, depois de Cristo, tirar, do mal, o bem, e de grandes males, grandes bens.

Passou a ser um clichê repetir que, "depois de Auschwitz, não é mais possível crer em Deus". Pelo contrário, foi prevendo que nós cometeríamos não apenas um, mas inúmeros holocaustos ao longo da nossa História, que Deus enviou o seu próprio Filho para "Auschwitz": como sinal irrefutável da sua absoluta solidariedade para conosco nos nossos sofrimentos, dos quais Ele não tem nenhuma culpa, mas nós temos; como demonstração viva e modelar da única maneira que existe para vencer o mal em nós: sofrer por amor.

Por isso o *Catecismo* pode proclamar com São Paulo:

"«Sabemos que, para os que amam a Deus, tudo concorre para o bem» (Rm 8, 28). O testemunho dos santos não cessa de confirmar esta verdade. Assim, Santa Catarina de Sena diz «àqueles que se escandalizam e se revoltam com o que lhes acontece»: «Tudo procede do amor, tudo está ordenado para a salvação do homem, Deus não faz nada que não seja para esta finalidade»[19]. E São Thomas More, pouco antes do seu martírio, consola a sua filha: «Não pode acontecer nada que Deus não tenha querido. Ora, tudo o que Ele quer, por pior que possa parecer-nos, é o que há de melhor para nós»[20].

A grande solução prática que o cristianismo propõe para o problema do sofrimento é sempre esta: "Quem toma a

---

[19] Santa Catarina de Sena, *Diálogo sobre a Providência*, cap. IV, 138, ed. G. Cavallini (Roma, 1995), p. 441.

[20] Margarida Roper, *Epistula ad Aliciam Alington*, agosto 1534, em E.F. Rogers, ed., *The Correspondence of Sir Thomas More*, Princeton, 1947, pp. 531-532. *Catecismo*, n. 313.

sua cruz e segue Cristo faz-se digno dEle", faz-se como Ele e assim une-se a Deus como um filho seu (cf. Mt 10, 38). A atitude de horror e medo diante do sofrimento faz com que tendamos a fechar-nos em nós mesmos, e assim é sem dúvida uma das grandes causas do nosso egoísmo e da nossa incapacidade de amar, que por sua vez são a grande causa dos nossos pecados. Esse mesmo sofrimento, porém, se for transformado em cruz, aceito por amor de Deus, purifica-nos dos nossos egoísmos e caprichos e faz-nos capazes de compreender, de *com-doer*-nos, de perdoar — ou seja, de amar.

Em consequência, a dor e o sofrimento podem ser, graças a Cristo, um caminho para a felicidade. Por isso, precisamos ampliar um pouco os nossos horizontes e não olhar exclusivamente para este mundo, que em si mesmo não é capaz de conter a solução para o "problema do mal" — como o autor deste livro já deixa claro desde o princípio. E precisamos sobretudo acolher a fé e a caridade divinas, usando do sofrimento — especialmente daquele que Deus nos envia — para corresponder com amor ao amor do Pai.

> "Cremos firmemente que Deus é o Senhor do mundo e da história. Mas os caminhos da sua providência muitas vezes nos são desconhecidos. Só no final, quando acabar o nosso conhecimento parcial, quando virmos Deus «face a face» (1 Cor 13, 12), teremos pleno conhecimento dos caminhos pelos quais, mesmo por meio dos dramas do mal e do pecado, Deus terá conduzido a sua criação até o descanso desse *Sábado* (cf. Gn 2, 2) definitivo, em vista do qual criou o céu e a terra"[21].

---

21 *Catecismo*, n. 314.

A DOR E A JUSTIÇA DIVINA

A justiça divina constitui um problema de importância primordial para o homem. Com efeito, está tão arraigado em nós o conceito de direito e justiça que é mais fácil tolerarmos uma falta de amor que uma falta de justiça. Por um lado, estamos inteiramente convencidos de que Deus é justo, é um *pai justo* (Jo 17, 25), é justo *em todos os seus caminhos* (Sl 144, 17), em todos os seus desígnios (cf. Tb 3, 2), nunca procede sem razão (cf. Jb 34, 12), ordena tudo segundo a justiça (Sb 12, 15). Por outro lado, são inúmeras as injustiças que temos de sofrer, de certo modo em nome de Deus, visto que nelas consente: *A felicidade e a desgraça, a vida e a morte, a pobreza e a riqueza vêm do Senhor* (Eclo 11, 14).
Acontecerá algum mal na cidade que o Senhor não fizesse? (Am 3, 6). *E assim como vigiei sobre eles para desarraigar e demolir, para dissipar, arruinar e afligir, do mesmo modo vigiarei sobre eles para edificar e plantar* (Jr 31, 28). "Nada acontece por acaso, tudo vem do alto". Como pode Deus querer todo esse mal, consentir nele, se é um Deus justo, se é a própria justiça? Como pode Ele distribuir tão injustamente entre os homens o destino e a morte?

Todos nós sabemos como contribuem para a formação dos filhos os pais bons e virtuosos. E, no entanto, não se poderá dizer que a maior infelicidade de algumas crianças é terem tido pai e mãe? Conhecemos num orfanato um menino de cinco anos, filho ilegítimo, como ilegítimas tinham sido também a mãe, a avó e a bisavó. Era uma criança ferida por esses antecedentes. De noite, tinha de ficar trancado num quarto porque constituía um perigo para os companheiros. Mas que culpa lhe cabia de ter nascido assim?

Ninguém pode escolher os pais e por isso ninguém tem culpa de ter tido maus pais ou recebido uma má educação. Há pessoas que parecem ter tido apenas madrasta. Como Deus é arbitrário ao distribuir os seus dons! Quantas vezes não triunfa a injustiça, quantas vezes o direito não é desprezado!

A dor e o pecado

Já no Antigo Testamento os homens se preocupavam com essa questão: se por um lado a justiça divina era um fato irrefutável, por outro, surgiam frequentemente injustiças, umas mais flagrantes que outras. Como podiam coexistir essas duas verdades? Daí concluíram que a dor estava ligada ao pecado e equipararam-na ao castigo.

Jó era um homem santo e justo. *Não há ninguém igual a ele na terra: íntegro, reto, temente a Deus, afastado do mal* (Jb 1, 8). Nem mesmo os inimigos conseguiam apontar-lhe defeitos. Ora as desgraças começaram a cair sobre ele, sem interrupção. Perdeu os bens, sete filhos, três filhas e, por último, ainda foi atacado pela lepra. Foram então ter com ele três amigos, que quiseram obrigá-lo a confessar as suas culpas, pois diziam que ele parecia ser um homem justo e temente a Deus, um homem quase sem mácula, e afinal não passava de um hipócrita, de um grande pecador que incorrera no castigo do Senhor. Porque, se não tivesse pecado, Deus não o teria castigado com tanta severidade: *Porventura Deus dobra o que é reto, e o Todo-Poderoso subverte a justiça?* (Jb 8, 3). Portanto, devia haver pecado nele, quer aparente quer oculto.

No entanto, mais para o final do livro, o Senhor censura duramente esses amigos e os reduz ao silêncio: *Vós não falastes retamente de mim* (Jb 42, 7). Em suma, já no Antigo Testamento, em que tantas passagens parecem revelar uma conexão íntima entre o pecado e o castigo, o amor a Deus e a recompensa, a tese que afirma ser o sofrimento o simples castigo do pecado é claramente desautorizada.

No Novo Testamento, o Testamento do amor, voltado todo ele para o Além, essa conexão é negada com ainda maior força, e os contemporâneos do Salvador, incluídos os Apóstolos, tiveram muita dificuldade em corrigir os seus pontos de vista estabelecidos. Um dia, Cristo encontrou no seu caminho um cego de nascença e os discípulos perguntaram-lhe: *Mestre, quem pecou, este ou seus pais, para que nascesse cego?* (Jo 9, 2). Não conseguiam compreender que se pudesse ser cego sem culpa e queriam saber apenas quem pecara.

Já os fariseus não tinham nenhuma dúvida a esse respeito, porque sabiam que aquele homem era *um pecador* (Jo 9, 24) e, se assim não fosse, não poderia ter nascido cego (cf. Jo 9, 34). Mas Cristo condena expressamente esse modo de ver ao dizer que *nem ele nem os seus pais pecaram, mas foi para que se manifestassem nele as obras de Deus* (Jo 9, 3). O Salvador diz que, neste mundo, nem sempre o sofrimento está necessariamente ligado a uma culpa pessoal e que por isso não temos o direito de estabelecer essa ligação.

O cristão e a dor

Quando em Jerusalém alguns galileus foram mortos num sacrifício ordenado por Pilatos, Jesus disse aos judeus: *Julgais que esses galileus eram maiores pecadores que todos os outros, por terem sido tratados desse modo? Não, digo-vos. Mas se não fizerdes penitência, todos perecereis do mesmo modo. Ou pensais que aqueles dezoito homens, sobre os quais caiu a Torre de Siloé e os matou, foram mais culpados do que todos os outros habitantes de Jerusalém? Não, digo-vos. Mas se não fizerdes penitência, todos perecereis do mesmo modo* (Lc 13, 1-5).

Nem sempre os sofrimentos correspondem, pois, a um castigo divino por pecados cometidos, pois servem frequentemente *para manifestar as obras de Deus* (Jo 9, 3). Não raras vezes têm por fim exortar-nos ao recolhimento e à conversão. Todavia, esta explicação não resolve toda a dificuldade do problema.

Se é certo que o sangue de Abel bradou aos céus e Deus fez justiça ao inocente, não seria natural que o sangue de tantas centenas de milhares, de milhões de vítimas bradasse ainda mais alto? Por que Deus não ouve tais brados? Por que não fala? Por que guarda silêncio, um silêncio tantas vezes insuportável? Tal como os filhos do trovão, também nós desejamos que Ele fale, que faça justiça, a si próprio e a nós, que faça descer o fogo do céu sobre os seus e nossos inimigos e os consuma (cf. Lc 9, 54). No entanto, Deus guarda silêncio durante décadas e séculos, e esse Deus silencioso tornou-se para nós um fardo.

Mas quem sabe se não seria um fardo ainda maior se começasse repentinamente a falar?

Justiça e amor

As nossas reflexões têm-nos levado a perguntar qual será mais profunda e mais vasta, se a justiça, se a caridade. Sem dúvida alguma esta última, porque a justiça está implícita no amor, ao passo que este não está necessariamente implícito naquela. Um juiz pode ser justo, extremamente justo, sem no entanto ser caridoso. Mas uma mãe, que ama o filho com todo o coração, nunca pode ser injusta com ele.

O verdadeiro amor exclui qualquer injustiça. É impossível que Deus, amando-nos com um amor infinito, possa ser injusto para conosco, ainda que por momentos. Não o permite o seu amor. Tem de ser sempre justo: *Tu és muito justo, Senhor, para que eu dispute contigo* (Jr 12, 1). *Acaso o meu caminho não é justo?*, pergunta o Senhor; *não são antes os vossos que são injustos?* (Ez 18, 25). Como Deus do amor, o Senhor tem de ser sempre justo. É esta uma noção que devemos manter, mesmo contra qualquer objeção humana, situando-nos no âmbito da fé, não no da razão abandonada a si mesma. Lembremo-nos das palavras da Escritura: *Os meus pensamentos não são os vossos pensamentos, nem os vossos caminhos são os meus caminhos* (Is 55, 8). *Com efeito, Deus é grande e supera a nossa ciência* (Jb 36, 26).

Nós não temos nenhuma base para fazer a Deus exigências severas relativamente aos nossos direitos, porque Ele próprio se comprometeu a dar-nos tudo o que fosse necessário para alcançarmos a salvação eterna. Em primeiro lugar, deu-nos a inteligência necessária para podermos reconhecer a sua vontade. Dotou-nos depois da força necessária para transformarmos essa vontade em ação quando ela for condição para salvarmos a nossa alma, uma vez que as forças puramente naturais não são suficientes para alcançarmos uma meta que se situa na esfera do sobrenatural.

Por conseguinte, todas as circunstâncias, acontecimentos e meios terrenos podem e devem contribuir para a nossa salvação. Tudo é meio para alcançarmos o fim: *Todas as coisas concorrem para o bem daqueles que amam a Deus* (Rm 8, 28). *Todas as coisas*: tanto as evidentes, aquelas que nos parecem justas, como aquelas que nos parecem injustas. As mais flagrantes e horrorosas injustiças podem e devem servir para a edificação de Cristo em nós e à nossa volta.

Os homens podem cometer injustiças clamorosas e revoltantes, mas Deus nunca é injusto. Permite a injustiça, deixa-a triunfar sobre nós, porque na sua mão ela será um meio eficaz para alcançarmos a santidade. Estamos mais próximos do paraíso quando estamos crucificados com Jesus Cristo, porque é principalmente nessa altura, quando nos recusam todos os direitos humanos, que se dirigem a nós as palavras de Jesus: *Hoje mesmo estarás comigo no paraíso*. Basta-nos "morrer" com Ele para entrarmos no reino dos céus.

Partilhar inocentemente dos sofrimentos de Jesus Cristo, partilhá-los por amor à justiça, mais do que fonte de indignação, deveria ser uma grande alegria para nós (cf. 1 Pe 4, 13; Mt 4, 10). Não temos o direito de interpelar a justiça de Deus quando Ele, o mais inocente, o mais puro de pecados, o mais imaculado, se deixou submergir num mar de dor e tormentos, a ponto de ter exclamado ao morrer na Cruz: *Meu Deus, meu Deus, por que me abandonaste?* (Mc 15, 34).

É o amor, e não a justiça, que leva Deus a chamar-nos para tomar parte na dor do seu Filho, e quanto maior é o sofrimento, maior é a prova de misericórdia. Estas palavras não são uma consolação barata; são a verdade em toda a sua plenitude. Tudo o que Deus faz está certo (cf. Mc 7, 37). Ele nunca comete erros. Um homem de fé não deve sentir--se ofendido ao ver que as coisas correm bem para os pecadores. Não nos deixemos ofuscar pelas aparências externas. Não esqueçamos que não é em banquetes e orgias que se encontra a verdadeira felicidade. Esta só pode nascer num coração puro.

Uma injustiça que é justiça

Tudo o que Deus faz está certo. Quem observar apenas o lado superficial do mundo nunca poderá compreender esta verdade. A vida é uma breve passagem, um breve período de provação. Nem sequer merece chamar-se vida, porque é mais morte do que vida. Como pode alguém compreender a alegria do semeador se não conhece as alegrias da colheita? A dor e a felicidade estão tão interligadas como a semeadura e a colheita. Deus destinou-nos um papel no teatro do mundo sem nos consultar, mas fê-lo com sábia ponderação e não ao acaso. Que importa a um ator desempenhar durante duas ou três horas o papel de mendigo no palco, se, quando dele sair, o espera um automóvel? E de que lhe serve fazer o papel de rei, se é na realidade um homem pobre?

Ora, se os atores não tomam demasiado a sério os seus papéis, por que havemos nós de fazê-lo? O nosso papel neste mundo só tem importância pela sua relação com o que nos há de caber no Além. O que são três horas como mendigo num palco, no meio de uma vida de oitenta anos de opulência e celebridade? Mas o que são oitenta anos comparados com a eternidade? *Vede, não sois nada!* (Jo 12, 19). Os nossos dias desaparecerão como fumo.

Deus não pode ser injusto nem por um só instante, para com pessoa alguma, nem neste nem no outro mundo. Não há, portanto, razão para desanimar quando se trata de carregarmos a nossa cruz. São apenas umas "horas" que nos vão merecer o mais belo dos papéis na eternidade. Por que havemos de desesperar? Se há um sinal infalível de que alguém foi escolhido pelo Senhor, é sem dúvida a participação na agonia e nos sofrimentos de Jesus Cristo: *Sofremos com Ele para com Ele sermos glorificados* (Rm 8, 17). *As tuas penas terão recompensa* (Jr 31, 16).

Quanto àqueles que desempenham papéis brilhantes no mundo, nunca merecem que os invejemos; quase diríamos que merecem a nossa compaixão. Colhem neste mundo e "semeiam" no outro: *Em verdade vos digo que já receberam a sua recompensa* (Mt 6, 3; 6, 16). *Ai de vós, ó ricos!, porque tendes a vossa consolação. Ai de vós, os que estais saciados, porque vireis a ter fome. Ai de vós, os que agora rides, porque gemereis e chorareis* (Lc 6, 24-25).

Deus, que procede sempre com justiça, também me trata a mim justamente. Quem me dera não cometer erros! O Senhor deu-me a vida temporal, rodeou-me de tudo o que me é vitalmente necessário para poder trabalhar para a sua honra, para a salvação das almas, da minha e da dos outros. Um dia, na luz da eternidade, havemos de ver tudo o que ainda está oculto e verificaremos que tudo tinha de ser assim para sermos semelhantes a Ele (1 Jo 3, 2).

Reconheceremos então que tudo foi feito segundo o seu amor misericordioso, que tudo foi graça, mesmo a dor: *Misericordias Domini in aeternum cantabo*, "Cantarei eternamente a misericórdia do Senhor" (Sl 88, 2).

A DOR FORJA O ESPÍRITO

Assim como o universo inteiro é dirigido e guiado pelo amor misericordioso do Senhor, e só sob esta perspectiva se pode compreender a sua forma de governá-lo, assim também se deve entender a sua influência na vida de cada indivíduo. Deus quer a salvação de todos os homens: *Esta é a vontade de Deus, a vossa santificação* (1 Ts 4, 3).

É desejo do Senhor que todos nós alcancemos o máximo grau possível de santidade: com esse fim, preparou-nos um plano de vida próprio, para o qual contribuiu com todo o seu amor, dedicação e solicitude, como se tivesse de ocupar-se unicamente de cada um de nós. Cada homem possui Deus na sua totalidade, tal como na natureza cada um possui todo o sol. Deus nunca se divide, nem mesmo no seu amor; onde quer que se manifeste, atua como Deus pleno.

No plano humano, as coisas passam-se de maneira diferente. Uma mãe de cinco filhos não pode conceder a um deles todo o seu amor. Deus, pelo contrário, ama cada indivíduo com a totalidade do seu amor, e, por isso, é impossível que esqueça quem quer que seja. Traz o nosso nome marcado na sua mão como um selo (cf. Ct 8, 6); somos guardados por Ele como a menina dos seus olhos (Dt 32, 10).

Um grande mistério

Mesmo quando alguém abandona a Deus malévola e premeditadamente, como o filho pródigo abandonou o pai (cf. Lc 15, 11 e segs.), Deus não modifica a sua atitude para com ele nem lhe fixa um novo rumo para a vida: *Os desígnios do Senhor permanecem imutáveis por toda a eternidade* (cf. Sl 32, 11), não há nele qualquer sombra de mudança (cf. Tg 1, 17).

O amor de Deus pelos homens não tem princípio nem fim. Não pode agora faltar-lhe amor, se antes o teve em abundância; não pode agora ter amor, se antes não o teve. O verdadeiro amor não se irrita (cf. 1 Cor 13, 5), nem as muitas águas conseguem apagá-lo (cf. Ct 13, 7). De resto, no próprio amor humano, quando verdadeiro, há um traço de imutabilidade.

Ora, se Deus não muda, muda o homem quando se afasta dEle. Deus é como o sol, que está sempre voltado para a terra. O homem é como a terra, que lhe volta as costas e passa do dia para a noite.

Se todos nós tivermos uma fé profunda e viva, como nos havemos de sentir bem-aventurados ao vermo-nos amparados pelo amor de Deus! Convençamo-nos de uma vez para sempre: Deus sabe tudo, cuida e pensa em cada um de nós como se fôssemos o mundo inteiro. Deus existe para cada homem de per si. Se o mundo fosse habitado por uma só pessoa, Deus não poderia fazer por ela mais do que já faz. Tudo o que existe é para cada indivíduo, para que se salve.

Qualquer lavrador sabe que, para colher frutos, tem de lançar a semente no terreno adequado. O trigo não se desenvolve em terrenos arenosos, mas na boa e fértil terra negra; a batata dá-se bem com a areia. Pois também no homem os solos diferem uns dos outros. Cada um recebeu de Deus os seus dons (cf. 1 Cor 7, 7; Ef 4, 7), cada um recebeu a sua espécie de solo, e quem for fiel

A DOR FORJA O ESPÍRITO

em acolher esse solo e esses dons alcançará sem sombra de dúvida a meta, a salvação.

Por que os dons são distribuídos com tanta diversidade? Eis um grande mistério. Diz-nos São Mateus que um servo recebeu cinco talentos, outro dois e outro um, *conforme a sua capacidade* (Mt 25, 15). Ora acontece que também a capacidade vem de Deus (2 Cor 3, 5). Mas não terá ela como base a hereditariedade, aquilo que recebemos dos nossos ancestrais? Se nos fosse possível observar todo o conjunto dos nossos antepassados, verificaríamos que muitas das nossas características interiores e exteriores correspondem às deles. Dizia Nietzsche que o homem é mais filho dos seus avós que dos pais. Ora se os nossos antepassados tiverem comprometido ou corrompido a nossa hereditariedade — diz o livro do Êxodo que os pecados dos pais são expiados pelos filhos até à terceira geração (cf. Ex 20, 5) —, seremos nós a sofrer as consequências: *As suas obras os seguem* (Ap 14, 13).

Deus nunca se repete nos seus atos. Não há uma árvore, um animal, ou um anjo idêntico aos outros. Todo o ser é uma obra original do Senhor. Não há dois carvalhos iguais; nem sequer duas folhas da mesma árvore o são. Por isso todo o homem é em si um universo, tanto interior como exteriormente. Nem os próprios contornos dos dedos são iguais em duas pessoas. Mas desta admirável diversidade há de resultar uma harmonia que só na eternidade poderemos compreender em toda a sua plenitude.

É verdade que o mistério não fica resolvido com estas explicações, mas São Paulo também não o resolveu. Diz o Apóstolo, citando as palavras do Êxodo (23, 19): *Eu terei misericórdia com quem me aprouver ter misericórdia e terei piedade de quem me aprouver ter piedade.* E depois, mais incisivamente: *Logo, ele tem misericórdia de quem quer e endurece a quem quer* (Rm 9, 15-18).

Como pode então Deus censurar o homem se este não consegue resistir à vontade divina? É ó próprio São Paulo quem responde à pergunta: *Ó homem, quem és tu para replicares a Deus? Porventura o vaso de barro diz ao oleiro: "Por que me fizeste assim?" Porventura não é o oleiro o senhor do barro para poder fazer da mesma massa um vaso para uso honroso e outro para uso vil?* (Rm 9, 20-23).

O homem não pode nem tem o direito de pedir satisfações a Deus, porque Ele é o Senhor e nós os servos. Sabemos que Deus nos ama com um amor imenso, que nenhum homem lhe pode ser indiferente, que faz tudo o que pode para que ninguém se perca (cf. 2 Pe 3, 9). E é tudo.

As nossas limitações

Deus conhece-nos a todos, pois *Ele próprio nos fez* (Sl 99, 3), sabe o que nos vai na alma, conhece as nossas propensões e inclinações, conhece-nos melhor que nós próprios... *Ele não precisa que lhe deem testemunho de homem algum, pois sabe por si mesmo o que há no interior do homem* (Jo 2, 25). Porque Deus nos conhece bem, Ele, *o agricultor* (Jo 15, 1), semeou em cada coração a semente mais apropriada.

Realmente, não é sacrifício pequeno que alguém tenha recebido um solo pobre, estéril, que o sujeita a contínuas limitações. Mas não nos precipitemos se isso acontecer.

Deus não exige que um solo arenoso produza trigo, porque sabe que não o pode esperar. Exige, sim, que se desenvolva no devido tempo a semente nele lançada. A nossa responsabilidade vai até esse ponto. Quando chegar o dia do Juízo, poderemos vir a receber por uns míseros grãos de cevada bem maduros uma recompensa maior que a que nos mereceria uma grande colheita de trigo não maduro. Deus não exige mais do que nos deu.

Luise Hensel queixou-se certa vez à Beata Catarina Emmerich da aridez da sua vida espiritual. Respondeu-lhe a vidente: "Imagine que você é cozinheira numa casa rica e que só lhe dão pão e água para fazer a sopa. Não é verdade que não poderia servir uma sopa suculenta?" Só podemos dar a Deus aquilo que está dentro das nossas possibilidades. Por isso Santo Agostinho orava assim: "Senhor, dá-me o que mandas e manda-me o que quiseres".

Vimos que Deus semeia em cada coração a semente que melhor se pode desenvolver e amadurecer nele; e sabemos também que cada fruto exige um determinado período de maturação, que pode durar semanas, meses ou até anos. O mesmo se passa com os homens: cada um recebe um tempo de vida medido por Deus, que lhe permitirá alcançar a maturação no termo da sua existência terrena.

Não é que o Senhor espere até que o homem atinja efetivamente a maturação, porque, se assim fosse, haveria casos em que teria de esperar cem ou duzentos anos, o que não seria razoável. Ele espera apenas que decorra o tempo concedido ao homem, assim como espera que nesse tempo ele atinja a maturidade.

Se o homem a consegue ou não, é algo que depende dele. Não é verdade que uma pessoa pode morrer aos vinte anos e tê-la atingido, ao passo que outras morrem aos oitenta sem terem amadurecido? Uma pessoa que morre na flor da idade pode perfeitamente ter atingido muitos anos (cf. Sb 4, 13), porque a idade não é medida pelo número dos anos que se vivem (Sb 4, 8). Morrem velhos que não o são e jovens com mais de cem anos (cf. Is 65, 20). O problema é alcançarmos a maturidade enquanto temos tempo: este é o sentido da vida.

Passa-se conosco o mesmo que se passa com as árvores frutíferas. Se alguém quiser colher uma maçã bem madura, basta tocá-la e ela logo se desprende. Isso porque a natureza fez o pedúnculo de tal modo que o fruto se desprende facilmente da árvore quando está completamente maduro.

A maçã, belíssimo enfeite da árvore, não foi feita para ornamentá-la: a sua missão é amadurecer. Assim nós. Cumpre-nos amadurecer na árvore da vida, amadurecer para Deus, ir-nos desprendendo pouco a pouco de todos os laços que nos prendem ao mundo, aos homens e ao próprio eu, a fim de que, quando a mão do Senhor nos tocar, caiamos como fruto maduro nos seus braços.

Para colher uma maçã verde, é preciso partir o galho, usar de violência. Do mesmo modo, será violenta a morte daqueles que tenham estado demasiado presos ao mundo, aos homens ou a si próprios. Todo aquele cuja vida Deus tiver de "partir" por estar ainda verde, terá de continuar no purgatório a sua maturação, porque ninguém entra no céu sem a ter atingido. Praticamente, quase todos passaremos por lá, não há dúvida; e, no entanto, a nossa purificação deve começar já neste mundo. É aqui que devemos amadurecer para os celeiros do céu. No purgatório, o sofrimento é difícil e longo, e apenas purifica; na terra, porém, é mais fácil, mais rápido e meritório.

Não há cruz demasiado pesada

Sucede, porém, que, para amadurecerem, os frutos requerem, além de um determinado período de tempo, condições atmosféricas apropriadas à sua natureza. Uns precisam de sol; outros, de chuva, de acordo com as suas disposições genéticas. Algo parecido sucede com os homens. Embora o Senhor faça nascer o sol sobre bons e maus e a chuva caia sobre justos e injustos (cf. Mt 5, 45), a verdade é que as circunstâncias externas só atuam no interior de cada homem de acordo com as suas disposições interiores.

Muitas vezes, essas circunstâncias não são as que melhor correspondem aos nossos desejos, mas é delas que temos necessidade para alcançar a plena maturação. Desde a eternidade, Deus preparou completa e pormenorizadamente as condições mais favoráveis para cada homem. Todo aquele que aceite da sua mão o que Ele oferece, chegará ao fim plenamente amadurecido.

Nenhum homem sabe como é constituído o solo da sua alma, nem quanto tempo lhe foi concedido para amadurecer, nem quais as condições externas mais favoráveis: isso é um segredo de Deus. Mas a verdade é que ninguém como Ele deseja o nosso bem e, portanto, a sensatez exige que nos entreguemos a Ele sem reservas, com todo o nosso ser e no meio de todas as circunstâncias.

Na árvore, o fruto deixa passar tudo por si, mas tudo utiliza para amadurecer: o dia e a noite, a tempestade e a bonança, a chuva e o sol. Também nós devemos amadurecer em tudo o que nos envolve: a noite ou o dia, a tempestade e o tempo da misericórdia. Convençamo-nos:

O cristão e a dor

o Senhor está por trás de tudo o que nos acontece: *Eis agora o tempo aceitável, eis agora o dia da salvação* (2 Cor 6, 2). Todo aquele que aproveita e valoriza cada um dos momentos que passam caminha com maior perfeição e facilidade rumo ao fim.

Há pessoas a quem toca percorrer somente uma estrada fácil e segura, outras têm de avançar por caminhos mais difíceis. Mas uma coisa é certa: no processo real de salvação, não há vida humana sem cruz e sem dor. *O homem está feito para o sofrimento como as faíscas para voar* (Jb 5, 7). *Que estreita é a porta e que apertado o caminho que conduz à vida!* (Mt 7, 14). Todavia, o amor misericordioso do Senhor nunca envia a um homem mais dor do que a estritamente necessária para a sua maturação. A nossa cruz tem o peso e a medida que nos convêm. Nem mais um grama sequer.

Bem vistas as coisas, a vida que Deus escolhe para nós é sempre a mais fácil. Pode por vezes parecer-nos que outro caminho seria mais suave e sobretudo mais agradável do que aquele que temos de percorrer. Se pudéssemos escolher, com certeza escolheríamos muitas vezes caminhos diferentes daqueles que Deus nos manda seguir. Mas, se nos deixarmos conduzir e guiar pela vontade do Senhor, acharemos em cada cruz a graça necessária para suportá-la: *Deus é fiel, e não permitirá que sejais tentados além das vossas forças, antes com a tentação vos dará os meios para suportá-la* (1 Cor 10, 13).

Se, porém, nos soltarmos da mão do Senhor, para seguir caminhos independentes, que nos pareçam mais cômodos e agradáveis, então encontrar-nos-emos sós! Deus não nos pode acompanhar nas vias tortuosas do egoísmo, da obstinação humana e do pecado.

Cruz e graça

O pior dos caminhos humanos não é, porém, a cruz, mas a rejeição da graça necessária para levá-la até o cimo do calvário. Isto mesmo explica por que tantos soçobram sob o seu peso, perdidos na confusão, encurralados num beco de onde só se pode escapar regressando a Deus.

Ora, a verdade é que nós só regressamos ao Senhor quando vemos fracassar todas as outras possibilidades de saída; antes disso, enquanto nos resta a mínima probabilidade, forcejamos contra todas as paredes para abrir um caminho humano; e só quando reconhecemos que essa "saída" não conduz à liberdade, resolvemos regressar ao Senhor, e... regressamos ao ponto em que o abandonamos. Assim perdemos inutilmente tempo e energias, numa luta que não tem valor para a eternidade. Trabalhamos em vão (cf. Sl 126, 1), não uma só noite, mas por vezes toda uma vida.

A dor torna-se assim um sinal, uma exortação divina ao regresso. É por intermédio dela que Deus chama os homens e os "obriga", por assim dizer, a voltar para si. O Senhor sabe que o caminho humano, que aparentemente é tão cômodo, é afinal uma estrada que leva à morte (cf. Pr 14, 12).

Aos olhos de Deus, uma alma imortal vale mais que dez cidades conquistadas, mais que o mundo inteiro (cf. Mc 8, 36). Por isso o Senhor não hesita em pedir que se sacrifiquem por ela os mais altos valores terrenos, em exigir dos homens os mais dolorosos sacrifícios: vale mais perder um pé ou um olho do que ser lançado com ambos os pés e ambos os olhos no fogo do inferno (cf. Mt 18, 8 e segs.).

O cristão e a dor

No entanto, muitas vezes resistimos a Deus, seguimos caminhos nossos, obrigamos o seu amor a proceder com dureza e, muitas vezes, de modo terrível. Se reconhecêssemos honestamente os nossos pecados e disséssemos com sinceridade a Deus: *Pai, pequei contra ti* (Lc 15, 21), tudo caminharia bem. Acabaríamos por receber em dobro tudo o que antes possuíamos: *O Senhor devolveu-lhe em dobro tudo o que antes possuía* (Jó 42 10).

Mas, na maior parte das vezes, a dor não nos leva a ser razoáveis e revoltamo-nos contra Deus. Quando isso acontece, em vez de beneficiarmos das dores terrenas, são elas que concorrem para a nossa perdição. Quem não quer seguir o Senhor dificulta inutilmente a sua vida, porque Deus nunca abandona o plano que "preparou" para nós. Os seus desígnios são imutáveis. Ele não muda constantemente como o homem. Não se deixa afetar pela nossa revolta.

Ora, se Deus não cede, necessariamente se deduz que somos nós quem tem de ceder. E ceder é regressar ao ponto em que o abandonamos.

Felizmente, voltar ao ponto de partida não é tão difícil nem tão extenuante como afastar-se de Deus. Basta um simples momento para fazer essa viagem de regresso, por mais dolorosa e demorada que tenha sido a ida. Estejamos onde estivermos, há sempre um caminho direto, sem curvas, que nos pode levar ao Senhor.

Melhor será, porém, que não larguemos a mão de Deus, mesmo que isso nos custe sacrifícios, porque estes não têm relevância se os compararmos com os que vamos encontrar no "nosso" caminho humano.

Por que havemos de tornar a vida mais difícil do que já é? Bem basta o peso que sobre nós exercem os pecados dos outros! Para que acrescentar-lhes novos pecados?

Deus tem sempre razão

Deus tem sempre razão. O profeta Jonas foi encarregado pelo Senhor da difícil tarefa de pregar na depravada Nínive. Como lhe parecesse impossível cumprir essa missão, resolveu embarcar e fugir para a Península Ibérica, no extremo ocidental do mundo conhecido. Talvez escapasse da alçada de Deus, pensava ele.

E escapou? Não. Os marinheiros, que eram pagãos, sacrificaram-no ao deus do mar. Jonas viveu durante três dias no meio das trevas, na mais completa solidão, e compreendeu que é impossível fugir de Deus (cf. Sl 138, 7 e segs.). Quando chegou a terra, dirigiu-se a Nínive, pregou a penitência e teve um êxito imenso. Não teria conseguido esse mesmo êxito antes, com menos trabalho?

Se os judeus, quando saíram do Egito, não se tivessem rebelado contra Deus, se tivessem confiado nEle, teriam podido chegar à Terra da Promissão em poucas semanas. Mas não; preferiram errar durante quarenta anos pelo deserto. E de todos os adultos que haviam saído do Egito, só Josué e Caleb chegaram à Terra Prometida.

Também nós, queiramos ou não, temos de atravessar o deserto da vida. E não vale a pena revoltarmo-nos: a revolta só serve para tornar o caminho mais longo e mais agreste, ou até para nos impedir de alcançar Canaã.

Portanto, enquanto nós, acabrunhados de dor, carregamos a nossa cruz, o nosso maior cuidado deve ser não nos afastarmos de Deus, não fraquejarmos nunca, por mais dolorosa e violenta que seja essa cruz. Mesmo que o mundo inteiro se volte contra nós, nada devemos recear, porque estamos com Deus, e com "Deus estamos sempre em maioria".

Nas horas difíceis do Gólgota, o Senhor tinha contra si todo o poder espiritual do judaísmo e o tremendo poder material do Império Romano; e, afinal, o vencido aparente foi o vencedor. Ora, com Ele venceram os poucos homens que estiveram junto da Cruz, tal como hão de vencer todos aqueles que de bom grado a aceitarem. Quem quiser acompanhar Cristo neste mundo tem de convencer-se de que é o Cristo crucificado e não o Cristo glorioso do Tabor que caminha a seu lado. Mas quem na terra seguir Cristo crucificado, viverá no outro mundo junto de Cristo glorioso.

Uma vez junto de Deus, podemos superar todas as dores que nos apareçam na vida: o Senhor será para nós um novo Simão Cireneu; ajudar-nos-á a carregar a nossa cruz e, se cairmos, Ele próprio nos ajudará a levantá-la. *Tudo posso naquele que me conforta* (Fl 4, 13). Sem Ele, nada podemos (cf. Jo 15, 5); sem Ele, é impossível mantermo-nos firmes na cruz e na dor. Com Ele, sim: *O Senhor deu-me um castigo severo, mas não me entregou à morte* (Sl 117, 18).

O caminho mais curto

O caminho da vontade divina é o mais perfeito e o mais fácil de todos os calvários que conduzem ao céu. Assim como na natureza Deus gosta de conseguir o máximo com um mínimo de energias, também no plano espiritual procura conduzir o homem à bem-aventurança com o mínimo de dor possível.

Quem se deixa conduzir pelo Senhor não pode perder-se no caminho. Deus, na sua infinita sabedoria, vê toda a nossa vida, vê todos os acontecimentos que nos rodeiam, não tem a menor possibilidade de errar. À sua onipotência, nós não poderíamos opor qualquer obstáculo, a não ser, evidentemente, a obstinação. Na mão de Deus, tudo concorre para o nosso proveito; tudo, o mundo com todos os seus fenômenos, a dor ou a alegria: tudo o Senhor utiliza para nos levar pelo caminho mais curto à santidade.

O caminho reto é sempre o mais curto; muitas vezes, porém, nós não compreendemos que sejam sempre retos os caminhos que Deus nos oferece. Na verdade, os caminhos das nações, como os dos homens, são por vezes tão confusos que chegamos a pensar que nem mesmo Deus os pode desenredar.

Mas o Senhor segura todos os fios da vida na sua mão. Não descura coisa alguma, coisa alguma lhe escapa. Não comete erros. Sabe escrever direito por linhas tortas. É a visão errada que nós temos das coisas que as desfigura aos nossos olhos. É mil vezes melhor confiarmos cegamente em Deus: *Os caminhos do Senhor são retos* (Os 14, 9; cf. At 13, 10). Quem percorre os caminhos do Senhor chega à meta pelo caminho mais curto.

Se não interpusermos obstáculos entre Deus e a nossa alma — e Deus não os colocou —, verificaremos que há esse caminho reto de Deus para cada um de nós e de cada um de nós para Deus: o caminho da vontade do Senhor, o único que não levanta quaisquer problemas. Quando um peregrino chega de uma cidade estranha e pergunta qual o melhor caminho para certa rua e lhe respondem: "Siga em frente cem metros, vire na quinta rua à direita, depois vire na terceira à esquerda, ande mais vinte metros e vire de novo à direita", ele agradece a informação, mas sabe que ainda terá de perguntar a várias pessoas como chegar à rua. Mas se lhe disserem que o caminho é sempre a direito, avança e não perde tempo com novas perguntas.

O mesmo se passa quando queremos conhecer o caminho que leva ao céu. O sacerdote não tem que perder horas a explicá-lo. Não é necessário virar à direita ou à esquerda, porque o caminho do céu não é uma linha quebrada. Segue sempre a vontade do Senhor. E quem a seguir não pode perder-se.

Normalmente, o que nos falta não é o conhecimento do caminho, mas coragem para o seguir. Estamos demasiado apegados aos nossos "bons" desejos, não queremos morrer, procuramos insistentemente alguém que nos ensine a chegar à meta sem sacrificar o eu. E, no entanto, nada se consegue sem vencer a vontade. Sem isso, não há livro, não há sacerdote que nos possam ajudar. São vãs todas as perguntas e esforços que fizermos. E se algum novo método aparecesse para nos libertar, não poderíamos confiar nele. Lembremo-nos das palavras de São Paulo: *Mas ainda que um anjo do céu vos anuncie um Evangelho diferente daquele que vos temos anunciado, seja anátema* (Gl 1, 8).

Se houvesse algum caminho que não o da cruz e da dor para nos conduzir a Deus, Cristo tê-lo-ia indicado, Ele que veio à terra para nos ensinar o caminho do Céu.

A vontade divina e a vontade humana

O caminho da vontade divina, essa estrada soberana que conduz ao céu, é um caminho reto. É de todos os caminhos o mais fácil, o mais perfeito, o mais rico de merecimentos. Não é por acaso que o Salvador fala tantas vezes da recompensa do céu. Deus há de recompensar-nos por todos os passos que dermos no caminho (cf. Ap 22, 12). Se todas as nossas dívidas têm de ser pagas até o último centavo (cf. Lc 12, 59), também todas as nossas boas obras serão recompensadas, até o mínimo gole de água (cf. Mt 10, 42).

Mas não esqueçamos: o que quer que façamos fora do caminho do Senhor não será recompensado, por maiores que tenham sido os nossos passos, por mais pesadas que tenham sido as nossas cruzes. Como poderíamos esperar uma recompensa divina por um ato que foi feito unicamente em proveito próprio? Se trabalhamos para o mundo, só o mundo poderá pagar-nos. Quem trabalha só para si não deve admirar-se se ouvir o Senhor dizer: *Nunca vos conheci* (Mt 7, 23). Ele não pode pagar-nos pelo que não fizemos por Ele.

Somos como a mó de um moinho na torrente do tempo, uma mó que as correntes próximas não banham. Só temos o direito de nos mover pela força da água que incide diretamente sobre nós, porque, sendo assim, tudo vem de Deus e tudo conduz para Ele.

Não temos tempo para nós, para o mundo, para os homens, uma vez que estamos constantemente ao serviço do Senhor. Só podemos ocupar-nos de nós próprios, do mundo e dos homens na medida em que o permita a missão que Ele nos conferiu, pois só assim o que fizermos pelo mundo e pelos homens será serviço de Deus. E o Senhor recompensar-nos-á por tudo, porque tudo foi feito por Ele. Quem quiser ser rico e poderoso tem de servir a Deus! "Servir a Deus é reinar". Como São Cristóvão,

O cristão e a dor

estamos a serviço do mais poderoso dos senhores. Somos demasiado bons para servir alguém inferior a Ele.

O caminho do Senhor é, dentre todos, o mais rico em merecimento e graças, e a medida da graça que nos é concedida depende do cumprimento da vontade divina. Tentemos exprimir com um exemplo a razão entre a medida das graças recebidas ou a receber e o cumprimento da vontade divina.

Um cano voltado na direção do sol recebe no seu interior tantos raios quantos o permitir a sua secção transversal; mas, se o inclinarmos, por pouco que seja, forma-se um espaço de sombra que aumentará com a inclinação. E se for colocado perpendicularmente aos raios solares, ficará todo ele cheio de sombras.

Ora, tal como o sol, Deus envia para todos os lados e em linha reta a luz da sua misericórdia. Se o homem se volta para a vontade divina, recebe o máximo de graças; se se deixa guiar pela vontade própria, forma-se um cone de sombra e não recebe tantas graças. Quanto maior for a influência do amor-próprio, tanto maior será a sombra e menor o número de graças. E se o homem se afasta de Deus, deixa de receber a luz, e só lhe resta viver na noite, nas trevas do pecado.

A vontade de Deus é a nossa salvação. Deus vem trabalhando no plano da nossa salvação desde antes dos séculos, mas dotou-nos de liberdade e, embora seja horrível pensá-lo, podemos realmente estorvar ou deter a ação divina. Se, porém, nos desapegarmos das criaturas e do amor-próprio, a caridade divina produzirá no nosso coração abundantes fontes de graça, porque a causa de todos os males e de todo o pecado é a nossa vontade independente.

O cristão não tem medo de nada nem de ninguém, porque, com Deus, tudo concorre para a sua salvação. Há de temer, no entanto, o amor-próprio, o seu maior inimigo. Só ele pode tornar-nos infelizes para sempre. Se o dominarmos, afastaremos a maior fonte de perigos para a nossa felicidade eterna. Quanto mais nos entregarmos à vontade divina, maior a certeza de podermos partilhar um dia da bem-aventurança eterna.

A EXPIAÇÃO

Em princípio, todos os homens têm de contar com uma determinada parcela de dor, com uma cruz. Nem o amor divino nos pode dispensar desse elemento de santificação pessoal: a dor é como a fermentação do mosto, sem o qual o vinho não se pode formar. Convém notar, no entanto, que, além da dor necessária à santificação pessoal, existem outras fontes de dor, que se relacionam com a missão do homem na comunidade.

Na verdade, o homem não está só no mundo, e o cristão, menos que ninguém; um cristão que se isola não é um cristão. Além de preparar o seu caminho para o céu, ninguém pode fugir a uma outra missão: a de colaborar na salvação do próximo. E não são só os sacerdotes, mas todos os cristãos, que têm a responsabilidade de contribuir para a salvação do mundo. Ninguém pode dizer-se inocente do sangue dos seus irmãos.

Tudo concorre para o todo

Considerado isoladamente, cada homem constitui um mundo mais rico e mais valioso aos olhos de Deus do que todo o resto da Criação; mas é ao mesmo tempo um membro da humanidade. Como descendentes de Adão, pertencemos todos a uma grande família humana: somos todos filhos de Adão, *que o foi de Deus* (Lc 3, 38), e por isso somos todos da mesma família. Ora a

O cristão e a dor

encarnação do Verbo veio fortalecer ainda mais os laços que nos uniam. Nascendo da Virgem Maria, Jesus Cristo entrou no mais íntimo parentesco de sangue com Ela e, embora num grau inferior, com toda a humanidade. Assim como numa tapeçaria são muitos fios que formam o todo, assim também nós, homens, estamos reunidos num conjunto.

Pode o homem ir viver sozinho para o mais remoto deserto, que nem por isso deixa de estar ligado aos seus semelhantes; nem assim se cortam os fios que o prendem a todos os homens, aos que vivem, viveram e hão de viver sobre a terra. Se fosse possível erguer um homem acima da humanidade, todos os outros ficariam, por assim dizer, suspensos dele.

Ora, os batizados em Cristo constituem uma unidade ainda mais íntima e perfeita. O Batismo articula-nos com Cristo, liga-nos ao Pai, pelo Espírito Santo. Cristo vive em nós e nós vivemos em Cristo (cf. 1 Cor 6, 15; Gl 2, 20): *Para mim, o viver é Cristo* (Fl 1, 21). Todos aqueles que se uniram a Cristo pelo batismo passaram a formar uma unidade por meio dEle.

O Senhor compara essa unidade à de uma videira e os sarmentos que a constituem. Mas esta comparação é ainda insuficiente, como disse o próprio Cristo na Oração Sacerdotal: *... que sejam um, assim como nós somos um [...], que sejam um como tu, Pai, o és em mim e eu em ti; que também eles sejam um em nós [...]. Eu neles e tu em mim, para que sejam consumados na unidade* (Jo, 17, 11.21 e segs.). Os cristãos devem, portanto, constituir uma unidade semelhante à das três Pessoas divinas; a nada mais podemos compará-la. Uma unidade que é bem real e autêntica, assim como as três Pessoas divinas são uma unidade real.

Como somos um com os nossos irmãos e com Cristo, tudo o que fizermos ao mais humilde deles é como se o fizéssemos a Ele (cf. Mt 25, 40). Cada um dos nossos irmãos pertence a Cristo, tal como, por assim dizer, os nossos membros nos pertencem. O que fizermos ao próximo é considerado como feito a Cristo, tal como o que fizermos a qualquer dos nossos membros é feito a nós mesmos. Por isso disse o Senhor a Paulo, quando este perseguia os cristãos: *Saulo, Saulo, por que me persegues?* (At 8, 4). Cristo tomou para si, para a sua natureza humana, toda a dor que, de acordo com a vontade do Pai, era necessária para a sua maturação: *Porventura não era necessário que Cristo sofresse tais coisas e que assim entrasse na sua glória?* (Lc 24, 26). Mas, ao mesmo tempo, tomou sobre si todos os sofrimentos que, como cabeça do Corpo Místico, tinha de tomar pelo todo.

Quem queira segui-lo tem de participar das dores destinadas ao seu Corpo Místico, aos membros desse mesmo corpo. Tem de completar a dor de Cristo pelo todo e, por conseguinte, aceitar o sofrimento que lhe cabe pelo seu lugar nesse todo. A todos se dirigem as palavras de São Paulo: *Completo na minha carne o que falta aos sofrimentos de Cristo pelo seu corpo que é a Igreja* (Cl 1, 24). Se todo o corpo místico de Cristo está interligado e cresce no amor pela conexão entre os seus membros (cf. Ef 4, 16), isso implica também a aceitação da dor por parte de cada membro em vista do todo.

Estamos, pois, ligados num todo, no amor e na dor, e por isso não há pecados nem virtudes particulares: todo o pecado é um pecado social, toda a virtude é uma virtude social. Quer isto dizer que cada pecado afeta não só o próprio pecador mas o mundo inteiro, assim como todo o ato de virtude se reflete não só sobre o seu autor, mas sobre o mundo inteiro, que participará dos bens que dele resultam: *A tua maldade prejudica o homem que é teu semelhante; e a tua justiça é útil ao filho do homem* (Jb 35, 8). Dostoiévski escreveu certa vez que, à medida que ele se tornava melhor, o mundo inteiro também melhorava um pouco.

Pecaminoso ou virtuoso, todo o ato humano se reflete nos outros. Disse-o aliás o próprio São Paulo: *Se um membro sofre, todo os membros sofrem com ele; se um membro recebe glória, todos os membros se regozijam com ele* (1 Cor 12, 26). Na vida do Estado, tudo é estabelecido e avaliado na sua relação com o todo, e nós pessoalmente exercemos uma profissão que está condicionada pelo interesse comum. O mesmo se passa no plano sobrenatural. Também neste plano o cristão tem um papel e uma missão que implica uma responsabilidade perante o todo.

Precisamos de santos

É frequente ouvir dizer que os tempos são maus. Mas será justo falar assim? Acaso não brilha sempre o mesmo sol, não sopram os mesmos ventos, não correm as mesmas águas para o mar, indiferentes à paz e à guerra? O mal não está na terra, no mar, no ar ou no fogo. O mal está em nós. Não são os maus tempos que fazem os maus homens, mas, bem ao contrário, são os maus homens que fazem os maus tempos. Tornem-se os homens bons, e os tempos serão outros.

Perguntamo-nos uma e outra vez que fazer para reformar a nossa época. No entanto, a resposta é evidente:

A EXPIAÇÃO

cada um deve começar por si próprio, porque toda a reforma começa por ser uma reforma pessoal, sem a qual a reforma dos outros não é possível. O mundo está cheio de planos de reforma, de conferências e reuniões, sem que se consiga qualquer melhoria sensível, porque nos esquecemos de começar por nós mesmos. Enquanto o homem se limitar a atribuir a culpa ao próximo, nada conseguirá modificar. Comece cada um por si, dizendo: "Minha culpa, minha tão grande culpa". E conseguir-se-á então a reforma pela qual se suspira.

Não é possível modificar diretamente um povo ou um grupo. Mas se os membros do grupo ou do povo melhorarem, em breve melhorará a comunidade a que pertencem.

As reformas espirituais não podem ser impostas de fora para dentro, e por isso todos temos a obrigação de começar em nós mesmos uma reforma de dentro para fora. Se cada um começar por si mesmo, se procurar contribuir na medida do possível para aliviar a miséria e a dor alheias, se trabalhar para que a atmosfera se purifique, não mais se dirá que os tempos são maus.

É muito fácil apontar culpados e impor-lhes uma expiação. É cômodo fazê-lo, e continuarmos a levar tranquilamente uma existência instalada na abundância, olhando sem remorsos aqueles que padecem fome e miséria "como castigo das suas culpas", tal como esse fariseu que dizia: *Graças te dou, ó Deus, porque não sou como os outros homens...* (Lc 18, 2). Felizmente, a última palavra pertence a Deus e não aos homens. Afastemos, pois, do coração o ódio, os desejos de vingança e a inimizade, para que o sol possa brilhar de novo para todos.

Na Sagrada Escritura, os justos são comparados a árvores de densa folhagem, plantadas à beira dos cursos de água (cf. Sl 1, 3). Ora, as árvores purificam a atmosfera, reduzem o gás carbônico prejudicial e libertam o oxigênio tão necessário à vida; por isso, quanto maior for o número de árvores e mais extensas as florestas, mais sadio será o ar. Do mesmo modo, quanto mais santos houver, tanto mais pura será a atmosfera espiritual: dez justos, diz-nos o Gênesis, teriam bastado para salvar duas cidades afundadas no lodaçal do vício (cf. Gn 18, 32).

Se cada um começar a trabalhar resolutamente na sua purificação pessoal e voltar a conformar-se com a vontade divina, será possível olharmos o futuro com uma esperança renovada. Poderá estender-se sobre todos um céu mais azul.

Sofrer pelos outros

Para cumprimos a nossa missão e o nosso dever para com a sociedade, não são necessários sacrifícios inéditos, porque a nossa missão continua a mesma: procurar viver em plenitude as virtudes cristãs. Só assim cumpriremos a nossa missão em prol da sociedade. Quem age de acordo com a vontade divina traz a paz ao mundo e irradia graças: *Do seio daquele que crê em mim* — daquele que se entrega a Deus cheio de confiança —, *correrão rios de água viva* (Jo 7, 38). Quem vive totalmente segundo a vontade de Deus faz quanto deve pela purificação do mundo que o rodeia. Por conseguinte, ao velarmos pelo nosso aperfeiçoamento pessoal, velamos pelo todo de que cada qual faz parte, e em última instância por Deus.

A responsabilidade pelo todo é, pois, um dever: é nosso dever tentarmos viver, com fervor e fidelidade crescentes, segundo a vontade de Deus. Se todos os homens procurassem compreender qual é a vontade do Senhor (cf. Ef 5, 17), não mais obedeceriam aos apetites da carne e dos sentidos (cf. Ef 2, 3) e então reinariam a harmonia, a ordem e a paz entre os homens, que não sobrecarregariam mutuamente as suas vidas e procurariam ajudar-se uns aos outros: todos suportariam a carga uns dos outros. Não haveria *inimigos da cruz de Cristo* (Fl 3, 18), que são os que acarretam a desgraça sobre o mundo.

Não esqueçamos que as forças do mal podem ser vencidas pelas forças do bem (cf. Rm 12, 21). Felizmente, Deus envia à terra homens encarregados de estabelecer um equilíbrio que compense a enormidade dos pecados, homens que, para a sua perfeição, necessitariam apenas de uma diminuta medida de dor. Mas são escolhidos pelo Senhor para sofrerem muito, para carregarem sobre si as culpas dos seus irmãos: *Alegro-me nos sofrimentos que suporto por vós* (Cl 1, 24).

Por estarmos intimamente ligados uns aos outros, podemos interceder uns pelos outros. E, como Cristo vive e age em nós, essa intercessão pelo próximo pode fazer-se com eficácia: *Aquele que permanece em mim e eu nele, esse dá muito fruto* (Jo 15, 5). É uma eficácia cujos frutos crescem prodigiosamente quando se aceita pessoalmente a dor: *Meu Pai é o agricultor* [...] *e ele podará todo aquele que der fruto, para que produza mais fruto* (Jo, 15 1-2).

Como Deus consuma o seu sofrimento em nós e por nós, as nossas dores são ricas em merecimento. As dores de Cristo tinham um valor que procedia da sua união com a segunda Pessoa divina; as nossas ganham o seu grande valor pela nossa união com Ele. Quanto mais nos entregamos à vontade divina, tanto mais eficazmente Cristo pode agir em nós e mais valioso se torna o nosso sofrimento. O nosso sofrimento é o sofrimento de Cristo. Quanto mais nos apagamos, mais Ele se manifesta em nós, e é assim que podemos interceder eficazmente pelos outros.

As coisas passam-se de modo semelhante no corpo humano, no qual certos órgãos podem, até certo ponto, incumbir-se da função de outros. Quando se extrai um rim, o outro toma em parte a função do primeiro. Se perdemos algumas veias importantes, outras, secundárias, tomam o papel das principais.

É verdade que o sofrimento expiatório pelos outros tem um limite, porque ninguém pode substituir o próximo. Ninguém pode comer por outro, saciar a fome por ele, mas pode comer bem para ter forças para ajudar o mais fraco e aliviá-lo de uma parte do seu trabalho. Pode acontecer que Deus poupe às pessoas enfraquecidas pelo pecado o sofrimento que lhes estava destinado ou que merecem pela sua conduta, e vá impô-lo a outros, fortes, ricos de graças. As hagiografias falam-nos dos sofrimentos fora do normal que os santos aceitaram por outros, por pecadores e criminosos. Fizeram-no Santa Teresa do Menino Jesus, a piedosa Catarina Emmerich, Santa Catarina de Sena e tantos outros.

Há almas simples e escondidas que Deus escolhe para que se ofereçam em holocausto ao seu amor. *Quão incompreensíveis são os seus juízos e imperscrutáveis os seus caminhos! Porque quem conheceu o pensamento do Senhor? Ou quem foi o seu conselheiro?* (Rm 11, 33-34). Por isso ninguém deve perguntar por que é atingido pelo mal, que motivo houve para que o merecesse. A dor, pois, nem sempre é castigo, e muitas vezes é até sinal de um amor muito particular, de distinção, de eleição. Jesus Cristo honra determinadas

A EXPIAÇÃO

pessoas fazendo-as participar de um modo muito especial da sua obra redentora. Essas pessoas devem sentir o santo orgulho de tão alta missão.

Mas a todos nos cabe ver nas penas e sofrimentos que nos atingem um motivo para nos sabermos corredentores e, em vez de lamentarmos, dar graças. Mostremo-nos dignos deste sinal de preferência e peçamos ao Senhor que nos dê forças para aceitar de bom grado o que Ele nos mandar.

Não ficará sem recompensa aquele que compreender que Deus o chama ao sacerdócio real da dor. Sobre ele recairão bênçãos em dobro, porque tudo o que ele sofrer pelos seus irmãos e irmãs, sofrê-lo-á pelo Senhor (cf. Mt 25, 40). É Deus quem o há de recompensar. Uma medida *boa, cheia, recalcada e transbordante* será lançada no seu seio (cf. Lc 6, 38).

O SOFRIMENTO DE CRISTO

É na vida de Cristo que melhor podemos reconhecer a essência da dor, ou melhor, a renúncia dolorosa à nossa vontade em conformidade com a vontade de Deus. Com efeito, o sofrimento e a dor desempenharam um papel essencial na vida do Salvador, uma vida que, como toda a existência humana, teve uma tripla missão: honrar o Pai — *Glorifiquei-te na terra; terminei a obra que me deste para fazer* (Jo 17, 4) —, receber de Deus a glória — *E agora, Pai, glorifica-me junto de ti, com aquela glória que tive em ti antes que houvesse mundo* (Jo 17, 5) — e santificar os outros — *E por eles eu me santifico, para que também eles sejam santificados na verdade* (Jo 17, 19).

Também nós temos de cumprir essa tripla missão, como Jesus Cristo a cumpriu na vida e na morte: em perfeita conformidade com a vontade do Pai.

Para levá-la a cabo, a segunda Pessoa divina tomou da Virgem Maria uma natureza humana. Para essa natureza, a união com a natureza divina numa das Pessoas divinas foi uma graça completamente imerecida, tal como o é para nós a graça do batismo. Por meio do santo batismo, a nossa natureza humana é totalmente transplantada para a vida de Deus, sem que no entanto perca coisa alguma da sua essência e atividade. Na Encarnação, a natureza humana de Cristo foi ainda mais profunda e misteriosamente unida à divina, sem que no entanto se tivesse modificado coisa alguma na sua essência e forma de agir.

Para nós, a graça do batismo é um princípio fundamental de graça, sobre a qual teremos de construir o edifício da santidade mediante o exercício da nossa vontade. Como dizia Santo Agostinho, *qui fecit nescientem, justificat volentem* — "fomos criados sem a nossa colaboração, mas não seremos salvos sem a nossa cooperação". Do mesmo modo, a natureza humana de Jesus Cristo não foi violentada pela sua união com a natureza divina: a sua essência permaneceu intacta, assim como a vontade humana se manteve absolutamente livre. E, assim como para nós a santidade reclama uma subordinação consciente e livre da nossa vontade à vontade de Deus, também o Salvador teve de percorrer o mesmo caminho: voluntária e livremente e em cada momento da sua vida, Ele entregou-se nas mãos de seu Pai celestial.

O caminho do Senhor

Toda a vida do Divino Mestre é uma prova de subordinação à vontade do Pai. Toda a sua vida é um longo sacrifício: *Não quiseste sacrifício nem oblação, mas formaste-me um corpo* [...]. *Então eu disse: Eis que venho, ó Deus, para fazer a tua vontade* (Heb 10, 5-7). Foi esta a oração modelo da sua vida. Cristo aceitou sempre os sacrifícios, como estava escrito a seu respeito *no rolo do livro* (Heb 10, 7), e São Mateus refere-se com insistência ao fato de Jesus ter agido e falado sempre de acordo com as Escrituras (cf. Mt 4, 14; etc.).

Enquanto homem, Cristo esteve sujeito às mesmas tentações que nós. Se assim não fosse, como poderia Ele compadecer-se das nossas fraquezas? (cf. Heb 4, 15; 5, 2).

O tentador aproximou-se dEle várias vezes diretamente — *E, terminada a tentação, o demônio retirou-se dele até outro tempo* (Lc 4, 13) —, e em outras ocasiões até através de homens, do Apóstolo Pedro por exemplo: *Ele, voltando-se para Pedro, disse-lhe: "Retira-te de mim, Satanás; serves-me de escândalo, porque não tens a sabedoria das coisas de Deus, mas dos homens"* (Mt 16, 23).

Quando, aos doze anos, Jesus se deixou ficar no templo em Jerusalém, os seus pais sofreram uma grande aflição, medo e desgosto, como se reflete nitidamente na pergunta da mãe: *"Filho, por que procedeste assim conosco? Eis que teu pai e eu te procurávamos cheios de aflição"* (Lc 2, 48). Ora, com certeza nunca um filho amou mais os seus pais do que Cristo e não há dor maior do que a de fazer sofrer aqueles que amamos.

Ao Salvador, bastaria ter pronunciado algumas palavras para sossegar os pais; podia ter-lhes pedido que se demorassem mais uns dias na cidade, por ser essa a vontade do Pai, ou que regressassem a casa porque saberia depois lá ir ter sozinho. Por que então não procedeu assim, causando aos pais aquela dor e a si mesmo outra ainda maior? A sua resposta significa que não podia satisfazê-los nos seus desejos humanos: *Não sabíeis que devo ocupar-me nas coisas de meu Pai?* (Lc 2, 49). Tinha de agir segundo a vontade do Pai, ainda que isso constituísse um grande sacrifício tanto para Ele como para os pais.

Os dezoito anos seguintes da vida do Salvador resumem-se numa só palavra: *E era-lhes submisso* (Lc 2, 51). Ele, que aos doze anos causara pasmo entre os doutores pela sua sabedoria, obedecia a duas pessoas simples, num ambiente singelo. Muitos são os homens que entre os vinte e os trinta anos levaram a cabo grandes feitos e, no entanto, Cristo, o mais apto, o mais santo, o mais puro dos homens, passou todo esse tempo oculto, sem dar nas vistas, sem quaisquer mostras de importância. Qualquer pessoa teria podido substituí-lo no seu ofício de carpinteiro: para fazer o que fez, não era necessário que viesse ao mundo.

Teriam sido perdidos todos aqueles anos de Nazaré? De modo algum. É que não se tratava de conseguir feitos e sucessos, mas de cumprir a vontade divina. A pregação, os milagres, a crucifixão podem ser mais perfeitos em si do que um simples ofício manual, mas, para o Salvador, entre os doze e os trinta anos, não o eram, porque não correspondiam à vontade do Pai.

Em Nazaré, o Salvador mostrou-nos, pois, bem claramente, o que nos importa fazer. Mostrou-nos que ninguém deve queixar-se se a sua pequena luz ficou escondida durante alguns anos, se teve de permanecer num lugar "errado", se o seu talento não pôde desabrochar, se foi condenado a uma vida inútil. Cresce muito trigo nas noites frias do inverno. Se o Pai deixou o seu Filho muitos anos perdido em Nazaré, sem precisar de que se empregassem as suas qualidades, as melhores e as mais santas, por que haveríamos nós de querer ou de precisar do contrário? Não terão sido esses anos de vida oculta tão fecundos e tão instrutivos para o mundo como os três anos de atividade pública?

Sofrimento e morte do Senhor

Também nos seus três anos de vida pública Jesus Cristo foi em tudo um homem como nós, exceto no pecado.

Porque era homem como nós, teve de prosseguir humanamente a sua caminhada pela vida, mas fê-lo sempre em obediência à vontade do Pai.

Como lhe deve ter sido difícil não poder transpor as estreitas fronteiras da Palestina, Ele que era um homem em todo o sentido da palavra! Para um São Paulo, para um São Francisco Xavier, o mundo era pequeno; o Salvador, porém, teve de limitar-se a um espaço reduzidíssimo.

Teve de ficar junto das ovelhas perdidas da casa de Israel, embora soubesse que a maioria delas não acreditaria nEle, apesar de tantos milagres e pregações magníficas (cf. Jo 12, 37). Que fé não teria encontrado entre os pagãos, junto de homens como o centurião de Cafarnaum! E que fardo tremendo não representaram para Ele os Apóstolos! Homens de coração estreito, que pensavam demasiado em si próprios, de inteligência não muito mais aberta do que a da rude gente do povo. Com certeza teria podido escolher homens dotados de maior compreensão, se tivesse sido essa a vontade do Pai.

Sabia certamente como falar ao povo, como prendê-lo, como ganhar-lhe as simpatias. Mas também nisso não se agradou a si próprio (cf. Rm 15, 3). Estava totalmente ao serviço do Pai, com todos os seus pensamentos, todas as suas palavras, todos os seus atos. E certamente não lhe foi fácil ver que muitos dos seus discípulos o abandonavam após os seus ensinamentos sobre o pão da vida na sinagoga de Cafarnaum (cf. Jo 6, 66-68).

Jesus Cristo sacrificou a vida porque Ele próprio o quis: *"Por isso meu Pai me ama, porque dou a minha vida [...]. Eu por mim mesmo a dou"* (Jo 10, 17-18). Agiu como o Pai lhe tinha ordenado (Jo 14, 31). A sua natureza humana "suplicou por causa da fraqueza da carne" (Santo Atanásio), mas Ele soube vencer essa fraqueza por meio da oração: *"Meu Pai, se é possível, passe de mim este cálice; todavia, não se faça como eu quero, mas como tu queres"* (Mt 26, 39; Lc 22, 42).

A esse fardo extremo, que foi até aos limites da dor humanamente suportável, juntou-se na cruz o abandono íntimo de Deus: *"Meu Deus, meu Deus, por que me abandonaste?"* (Mt 27, 46). Mas a vontade humana permanecia submissa, totalmente aberta à vontade do Pai e por isso Ele pôde dizer: *"Terminei a obra que me deste para fazer"* (Jo 17, 4). *"Tudo está consumado"* (Jo 19, 30). *"Pai, nas tuas mãos encomendo o meu espírito"* (Lc 23, 46). Foi essa a sua oração final, o *Ite missa est*[1] da sua vida de sacrifício.

Assim foi, do berço até à sepultura, do presépio até à Cruz, a vida do Salvador, toda ela traçada passo a passo pela vontade do Pai. Teve de percorrer o caminho da morte dolorosa para que a sua natureza humana entrasse na glória do céu (cf. Lc 24, 26). E teve de fazê-lo principalmente por causa do enorme significado que a união dessa natureza humana com a segunda Pessoa divina tinha para o Corpo Místico de Cristo. É que se cada membro, de acordo com a sua missão e significado no todo, aceita padecer pelo corpo, à Cabeça compete um sofrimento cuja medida ultrapassa tudo.

A vontade do Pai

Não é por Jesus Cristo ter sofrido padecimentos "impossíveis" que a sua vida tem um significado extraordinário,

---

[1] Últimas palavras da missa em latim, correspondentes ao "Ide em paz e o Senhor vos acompanhe" da tradução brasileira (N. do E.).

para Ele e para nós, mas porque a sua vontade humana se submeteu completamente à vontade do Pai, permitindo que Deus agisse nEle como em nenhum outro homem. Foi uma natureza humana que esteve incansavelmente e até aos limites do possível à disposição de Deus, e assim a salvação não se fez pelo sofrimento em si, mas pelo sacrifício da vontade humana de Cristo.

Ora, é só pelo sofrimento que se atinge o sacrifício máximo da vontade, e, quanto maiores e mais graves os padecimentos, maiores as energias e forças de amor necessárias para um abandono perfeito à dor. Por isso, a enormidade da dor de Cristo mostra de modo palpável e imediato até que ponto lhe foi exigido o abandono da vontade. Se a vida de Cristo demonstra a sua capacidade de dedicação em extensão, o sofrimento demonstra-a em profundidade.

Na Epístola de São Paulo aos Filipenses (Fl 2, 7-11), encontra-se a grande lei que rege o reino de Deus na terra. Ao encarnar-se, Jesus não só renunciou à sua glória e majestade divinas, como ainda tomou a forma de servo. No seu desprendimento, humilhou-se, rebaixou-se e foi obediente até à morte, e morte de cruz. E o Apóstolo acrescenta a seguir algumas das palavras mais importantes da Sagrada Escritura: *propter quod,* "por isso"...

Por isso Deus o elevou tão alto e lhe deu um nome que está acima de todo o nome, a fim de que, ao nome de Jesus, todo o joelho se dobre no céu, na terra e nos infernos, e toda a língua confesse, para a glória de Deus Pai, que Jesus Cristo é o Senhor. Foi por ter descido pela obediência até à renúncia, até à morte na cruz, que Jesus recebeu o nome que tudo ultrapassa. À profundidade da descida na obediência correspondeu a elevação da subida à glória do céu. É esta a grande lei do reino de Deus: *Ora, que significa "subiu", senão que antes tinha descido aos lugares mais baixos da terra?* (Ef 4, 9).

Só podemos compreender quão baixo Cristo desceu na renúncia e na dedicação ao Pai quando pensamos quão alto lhe foi dado subir: subiu acima de todos os céus (cf. Ef 4, 10), foi erguido acima dos céus (cf. Heb 7, 26) e está sentado à direita do Pai (cf. Heb 8, 1). É por isso que, se estivermos unidos a Cristo pela semelhança com a sua morte, também o estaremos pela semelhança com a sua ressurreição (Rm 6, 5).

A justiça de Deus não faz exceção alguma a esta lei. Só quem desce pode subir, só na medida em que se desce é que se pode subir. E esta lei também é válida em sentido inverso: todo aquele que sobe, que se exalta, irá cair tão baixo quanto subiu. *Dissipou aqueles que se orgulhavam nos pensamentos do seu coração. Depôs do trono os poderosos e elevou os humildes. Encheu de bens os famintos e despediu vazios os ricos* (Lc 1, 51-53).

A dor como obediência

Como não existe outro caminho que leve à meta senão o caminho da dor — *quem perder a sua vida, esse a salvará* (Lc 9, 24) —, o Salvador exige que carreguemos diariamente a nossa cruz e o sigamos pela obediência. Não nos convida a imitá-lo na realização dos milagres, nos sermões, na sua atividade pública, porque isso só alguns o conseguem, além de que, na sua forma externa, tudo isso pode assumir características diversas de acordo com as circunstâncias do tempo. Convida-nos, isso sim, a imitá-lo pelo espírito de serviço, pela renúncia, sempre com doçura e humildade.

A vida do Salvador em Nazaré aparece-nos plena de significado porque nos mostra claramente onde está a essência da santidade. Não reside nos milagres, nas visões, na renúncia à comida e à bebida, nem nos sacrifícios voluntários. Deus não precisa do pedaço de pão que subtraímos à nossa boca, nem da hora de sono que sacrificamos. Ele não depende do trabalho das nossas mãos ou do nosso espírito.

O que quer é que renunciemos ao uso egoísta e arbitrário da nossa vontade, que lhe entreguemos a nossa vontade, o nosso coração: *Dá-me, meu filho, o teu coração* (Pr 23, 26). Devemos aprender do Salvador que a nossa dedicação a Deus se realiza pelo sacrifício e abandono ao Pai. Cada um de nós, no lugar que Deus lhe tiver estabelecido, cumprirá assim a sua vontade, tal como o Salvador o fez.

Todo aquele que pretenda fazer valer a sua vontade *não é digno* de Deus (cf. Mt 10, 37): *Aquele que quiser salvar a sua vida perdê-la-á* (Mt 10, 39). De tudo o que podemos oferecer em sacrifício, a melhor parte é sem dúvida a nossa vontade, porque tudo o mais já é propriedade divina (cf. 1 Cor 4, 7).

O Salvador é o primeiro e último modelo para os sofrimentos que a obediência nos possa trazer, e é simultaneamente o mais forte incentivo para que os aceitemos. Quem ama quer em primeiro lugar assemelhar-se ao objeto do seu amor e não, de modo algum, ser mais feliz do que ele. Seria uma grande dor vivermos em plena felicidade e sabermos mergulhado na mais profunda desgraça o objeto do nosso amor.

O cristão e a dor

São milhares, centenas de milhares, aqueles que, no seu amor pelo Salvador, se ofereceram voluntariamente e com alegria para o acompanharem ao Calvário, para serem um Simão de Cirene.

Nem a todos compete oferecer-se à dor, mas é missão de todos aceitar das mãos de Deus a cruz e o sofrimento que Ele envia, tal como o fez o Salvador, tudo suportando com paciência.

AS TREVAS NA DOR

Todos devemos contar com sofrimentos na vida. Não podemos imaginá-la como um sonho cor-de-rosa, não devemos esperar que ela nos cumule de benesses, porque só assim evitaremos grandes decepções. Se alguém anda constantemente atrás da felicidade, de "dias melhores e mais belos", a dor apanhá-lo-á inesperada e desprevenidamente, e parecer-lhe-á mais dura e pesada.

Já os pagãos contavam com os sofrimentos e chegavam mesmo a considerar de mau agouro uma felicidade perfeita, que lhes parecia uma afronta aos deuses. Por isso, evitavam um homem demasiado feliz, fugiam dele.

Com o pecado original, começou a dor; com ele terminou a primeira felicidade, o jardim de delícias que Deus nos dera. E começou também um processo de atingirmos o céu baseado em Cristo, no qual a dor e a cruz desempenham um papel proeminente. Logo após o pecado original, o Senhor promulgou a lei do sofrimento para o homem (cf. Gn 3, 17-19) e para a mulher (cf. Gn 3, 16), e desde então nunca mais se interrompeu a cadeia de dores. A nossa vida *é uma luta, os seus dias são como os dias de um mercenário* (Jb 7, 1). A todo o homem são dadas tarefas penosas, e um jugo pesado o oprime desde o dia do nascimento até ao da morte.

O Calvário, caminho cotidiano

Um cristão, mais do que qualquer outra pessoa, deve contar sempre e por toda a parte com a cruz e o sofrimento:

O cristão e a dor

Meu filho, se tencionas servir o Senhor, [...] *prepara-te para a provação* (Ecl 2, 1). Aliás, o Divino Mestre esclareceu-nos bem a este respeito: *Se alguém quiser vir após mim, negue-se a si mesmo, tome a sua cruz todos os dias e siga-me* (Lc 9, 23). *Não é o servo maior do que o seu senhor. Se me perseguiram a mim, também vos hão de perseguir a vós* (Jo 15, 20).

Se pertencêssemos ao mundo, este amar-nos-ia, mas, porque não somos do mundo, odeia-nos (cf. Jo 15, 19): *Sereis odiados por todas as nações* (cf. Mt 24, 9). Os Apóstolos não nos deixam dúvida alguma a este respeito. Segundo São Pedro, somos chamados a suportar dores, não como castigo dos nossos pecados, mas pela nossa *boa conduta* (1 Pe 2, 19-24). São Paulo diz-nos: *Todos os que quiserem viver piedosamente sofrerão perseguição* (2 Tm 3, 12).

A experiência e a Sagrada Escritura mostram-nos assim a realidade da dor; daí que esta não nos deva encontrar desprevenidos. Esperar a dor é já uma vantagem que lhe lima as arestas mais duras. A fé diz-nos qual é o sentido e finalidade do sofrimento, e assim achamo-nos perante a vida em condições muito diferentes das daqueles que não gozam da luz da fé. Como é difícil a vida para aqueles que nada sabem da Revelação e por isso não conseguem compreender o sofrimento!

Sem a graça divina, não conseguiremos dominar a dor. Cristo salvou-nos, apagou o pecado que clamava contra nós (cf. Cl 2, 13-15; Rm 3, 22-24). Mas cada um de nós tem de levar a cabo os sofrimentos salvadores, com e em Cristo, e colaborar na edificação do Corpo Místico com a dor correspondente à sua posição (cf. Ef 4, 12-16). Através da nossa união com Cristo, podemos interceder, expiando, por membros imprevidentes ou mesmo mortos.

Embora a dor nos faça clarividentes, não deixa de ser um problema

Na mão de Deus, dificilmente haverá meio mais eficaz do que a dor para nos libertarmos do nosso eu, dos homens e do mundo. Os nossos sofrimentos, permitidos por Deus, visam em especial a felicidade no além e dizem-nos dolorosamente que nesta terra não somos mais do que *peregrinos e estrangeiros* (1 Pe 2, 11), que *não temos aqui cidade permanente* (Heb 13, 14).

Não há dúvida de que muitas vezes seríamos levados a esquecer-nos disso e nos entregaríamos às coisas terrenas e humanas se a dor não nos ajudasse a ver o nada, a caducidade das coisas terrenas, e não despertasse em nós o desejo de um mundo melhor e mais belo. Enfim, a dor suaviza-nos a morte porque, se o mundo fosse uma mansão de felicidade e bem-estar, não quereríamos partir, e a morte seria ainda mais penosa do que é. Quantas pessoas se entregariam ao pecado e cairiam na desgraça eterna se a dor não nos obrigasse sempre a recuar no caminho do pecado!

Mas, muito embora a Revelação ilumine as trevas da dor, esta não deixa de constituir o mais grave problema, o mais negro enigma da nossa vida. O raciocínio reconhece e vê alguns pontos, a fé esclarece outros, mas à aceitação cabe ainda um grande quinhão. Não interessa tanto a Deus que compreendamos o mistério da dor, mas que creiamos no Senhor e lhe obedeçamos incondicionalmente, embora saibamos que não podemos compreendê-lo nem abrangê-lo.

Deus não se deixa abranger por nós, porque é sempre maior, mais extenso que a nossa compreensão (cf. Jb 26,

14; 36, 26). Ele criou o nosso ser espiritual à sua imagem e semelhança, mas nós deturpamos a sua imagem segundo a nossa imagem e semelhança. Julgamos que deveria agir sempre como nós e, se age de modo diverso e em especial se nos envia padecimentos, duvidamos logo da sua existência.

Para os judeus, a cruz era um escândalo e para os pagãos uma loucura (1 Cor 1, 23). Mesmo os Apóstolos não a entenderam a princípio, e, quando o Senhor falou pela primeira vez dos seus padecimentos, São Pedro quis detê-lo: *"Deus tal não permita, Senhor! Não te sucederá isto"* (Mt 16, 22). Jesus repreendeu-o imediatamente, e essa sua reação impressionou vivamente os outros Apóstolos. Noutra ocasião em que o Senhor lhes falou dos seus padecimentos, não o entenderam, mas não tiveram a coragem de pronunciar uma palavra: *Eles não entendiam esta palavra [...] e tinham medo de interrogá-lo acerca dela* (Lc 9, 45). Lembravam-se bem do que sucedera a Pedro. E o mesmo se verificou quando o Salvador lhes falou pela terceira vez dos seus padecimentos (cf. Lc 18, 34).

Nem mesmo a Santíssima Virgem compreendeu todos os caminhos dolorosos por onde Deus a conduziu e afligia-a o problema do porquê. Quando após três dias de buscas vãs encontraram Jesus no templo, Nossa Senhora perguntou-lhe: *"Filho, por que procedeste assim conosco?"* E o Salvador respondeu: *"Por que me buscáveis? Não sabíeis que devo ocupar-me nas coisas de meu Pai?"* Apesar dessa resposta, não o compreenderam: *E eles não entenderam o que lhes disse* (Lc 2, 48-50).

E nós, compreenderíamos o Senhor se Ele nos respondesse ao problema premente do porquê? Talvez não. Na maior parte dos casos, ainda não entendemos. Os sofrimentos que nos atingem não podem ser explicados no momento em que se produzem, mas apenas em função do conjunto, e é precisamente no seu significado de conjunto que podem ser entendidos. Aquilo que, encarado isoladamente, pode parecer uma loucura, considerado no conjunto pode constituir uma graça divina muito especial.

O problema do "porquê"

Não é de admirar, pois, que o "porquê" nos acuda aos lábios, principalmente quando se abate sobre nós uma desgraça grande ou quando as dores se sucedem umas às outras. O próprio Salvador, na hora da mais amarga das suas dores, perguntou ao Pai: *"Meu Deus, meu Deus, por que me abandonaste?"* (Mt 27, 46). A dor parecia-lhe como que um muro que ocultava o semblante amigo de Deus (cf. Mt 27, 46).

A obediência e a submissão tornam-se ainda mais difíceis quando o nosso entendimento nos demonstra sem qualquer sombra de dúvida que sofremos sem culpa. O fardo torna-se insuportável quando vemos que os inocentes sofrem, ao passo que os culpados não só não sofrem, como parecem tirar grandes lucros e vantagens da sua culpa. *Há justos que sofrem como se tivessem agido impiamente e há ímpios a quem nada sucede, como se tivessem agido como justos* (Ecl 8, 14). Quantas vezes não nos temos apercebido da veracidade destas palavras! *Tu és muito justo, ó Senhor, para que dispute contigo; no entanto, desejaria dizer-te coisas justas. Por que é próspero o caminho dos ímpios? Por que vivem felizes os pérfidos? Plantaste-os e eles lançaram raízes, crescem e frutificam* (Jr 12, 1-2). *Os meus pés por pouco não vacilaram, por pouco os meus passos não se transformaram; porque invejei os iníquos, vendo a paz dos pecadores. Eles não conhecem misérias; têm forte e são o seu corpo. Não participam das canseiras dos outros homens, nem são fustigados como os outros* (Sl 72, 2-5).

Não deveria espantar-nos, diante desse panorama, que caiam na confusão aqueles que não têm fé. A nós, porém, a fé diz-nos que o sol do amor divino continua a brilhar no meio da dor. Por detrás dela está o amor de Deus, que é maior que toda a dor. "Deus castiga aqueles que ama" (cf. Heb 12, 6). Certa vez, Cristo queixou-se a Santa Teresa de Ávila de que fossem tão poucos os que o amam. A santa respondeu-lhe: "Não deves admirar-te, pois amas os que te crucificam e crucificas os que te amam".

Quando as crianças não dão ouvidos às admoestações dos pais, estes veem-se forçados a castigá-las, apesar do amor que lhes dedicam e até por causa desse mesmo amor. Nada há de mais prejudicial para uma criança do que esse amor brando que não sabe recusar coisa alguma, que não sabe castigar. Até uma certa idade, os filhos não compreendem que o castigo seja uma prova de amor e por isso os pais não lhes dão longas explicações, uma vez que só o castigo os pode levar a mudar de conduta e, em consequência, a compreender.

Ora, se nem sempre os filhos conseguem compreender os pais, como havemos nós de poder compreender Deus? Com certeza que o Senhor não leva a mal choros e queixumes, desde que saibamos reagir com fé. A fé diz-nos que o Senhor é um Deus de amor e ensina-nos a ver esse amor por trás das desgraças, levando-nos a aproveitá-las, a reconhecer o valor que têm para a eternidade.

A dor e o pecado

Se olhássemos mais atentamente para a nossa condição de pecadores e para a natureza do pecado, com certeza não nos revoltaríamos tantas vezes contra Deus: *Ai daquele que discute com quem o criou, não sendo mais que um vaso entre os vasos da terra. Porventura diz o barro ao oleiro: Que fazes?* (Is 45, 9). *Pode um mortal ser puro diante do seu Criador?* (Jó 4, 17).

Perante Deus, todos somos mais ou menos culpados: todos os castigos são pequenos em comparação com a ofensa que fizemos a Deus ao pecar. Ninguém sofre inocentemente; só Cristo na Cruz e Nossa Senhora a seus pés sofreram sem ter pecado. Quanto a nós, todos sofremos com justiça, todos recebemos o justo castigo das nossas ações (cf. Lc 23, 41); e se não merecemos a dor que nos aflige num determinado momento, merecemo-la — e talvez mais — por pecados e erros anteriores.

Por isso, não nos devemos admirar de que a dor nos aflija, nem perguntar em que a merecemos. Com muito maior razão deveríamos perguntar em que merecemos o bem-estar e a felicidade quando deles gozamos. Mas é nosso hábito aceitar com naturalidade a felicidade que Deus nos dá, como se a tivéssemos merecido, quando é certo que as coisas deveriam passar-se justamente ao contrário: *Se aceitamos a felicidade da mão de Deus, não devemos também aceitar a infelicidade?* (Jb 2, 10).

Enfim, nós, pecadores, nunca devemos altercar com Deus por causa da dor, porque não podemos esquecer que Ele não poupou o Filho bem-amado em quem tinha postas as suas complacências (cf. Lc 3, 22), que o mergulhou num mar de dor como a ninguém na terra. Se tivermos presentes todas estas coisas, será legítimo lamentarmo-nos?

"Bem-aventurado o homem a quem Deus corrige"

Embora compreendamos muitas coisas e possamos seguir o Senhor por alguns caminhos com a razão iluminada pela fé, há muitos outros que não podemos compreender, porque nos conduzem a trevas profundas. Só nos pode ajudar a fé viva na justiça divina e no imenso amor que o Senhor nos dedica. Deus não pode ser cruel, nem por um instante. Quase seria preferível duvidarmos da nossa própria razão a duvidarmos da justiça e amor divinos. Quem perder a fé e a confiança na justiça de Deus, no seu amor, bondade e misericórdia, perderá o chão debaixo dos pés, deixará de ter as suas raízes em Deus, origem da sua vida, e será arrebatado pela tempestade da dor.

A fé diz-nos que Deus é nosso Pai, que está junto de nós quando nos envia o sofrimento. Nesse momento, passamos como que para uma escola superior: *O Senhor está perto daqueles que têm o coração atribulado* (Sl 33, 19). A dor é mesmo um dos sinais mais seguros de eleição: *Bem-aventurado o homem a quem Deus corrige* (Jb 5, 17).

É nosso dever, mesmo ao sofrermos as mais negras dores, estarmos convencidos de que é Deus quem as envia e não começar a ponderar e a cismar. Basta procurarmos compreender o que quer Deus dizer-nos por intermédio desse sofrimento, saber como poderemos valorizá-lo e utilizá-lo. Porque Ele quer salvar-nos e levar-nos ao céu pelo caminho da dor: *O que presentemente é para nós uma tribulação momentânea e ligeira, produz em nós um peso eterno de glória incomparável* (2 Cor 4, 17). E devemos pensar com São Paulo que *os sofrimentos do tempo presente não têm proporção com a glória vindoura* (Rm 8, 18).

Scio cui credidi, "Eu sei em quem creio e confio", escreve São Paulo (2 Tm 1, 12). O Salvador exorta-nos a não ter medo (cf. Mt 10, 28; Lc 12, 32). Um passarinho não tem valor e, no entanto, nenhum cai sobre a terra, nem coisa alguma lhe acontece, sem que o Pai o saiba. Nós valemos muito mais aos olhos de Deus e *até os próprios cabelos da nossa cabeça estão todos contados* (Mt 10, 30). Não há, pois, que ter medo.

Não temais!, diz-nos o Senhor. *Ainda que a terra trema e as montanhas se afundem* (Sl 45, 3), ainda que nos matem (cf. Lc 12, 4), tudo vem de Deus e tudo serve para o nosso bem (cf. Rm 8, 28). Só devemos temer a Deus quando lhe fugimos.

Se Deus é por nós, quem será contra nós? (Rm 8, 31). *Nada temas, porque eu estou contigo* (Gn 26, 24; Is 41, 10).

A VONTADE E A PERMISSÃO DIVINAS

Deus governa o mundo de acordo com os desígnios eternos da sua vontade (cf. Ef 1, 11). Muitas coisas foram anunciadas por Cristo (cf. Ef 1, 9; 3, 8-12), muitas outras permanecem um mistério. Deus vive numa luz inacessível (cf. 1 Tm 6, 16), de modo que nem Ele nem a sua ação podem ser totalmente compreendidos. Sabemos, no entanto, que tudo o que existe foi criado por Ele (cf. Gn 1, 1), que Ele domina todo o universo (cf. Sb 8, 1), que ninguém pode opor-se à sua majestade: *Tu dispuseste os acontecimentos do passado, determinaste que uns sucedessem a outros, e nada aconteceu sem que tu o quisesses. Todos os teus caminhos são previamente escolhidos, e os teus juízos são marcados pela tua providência* (Jdt 9, 4-5). São Paulo resume tudo isto em poucas palavras: *Deus é quem opera tudo em todos* (1 Cor 12, 6), *Deus é quem opera em vós o querer e o agir* (Fl 2, 13).

Por trás de tudo está o Senhor

Se é Deus quem tudo opera, de onde virão a dor, a infelicidade, a miséria, o pecado e a maldade? A afirmação de que não se pode de modo algum relacionar Deus com o sofrimento incompreensível dos inocentes é destituída de validade. A dor dos inocentes está relacionada com Deus porque o acaso não existe. Em última instância, tudo depende do Senhor, que é sempre a origem. Portanto, seja como for, por trás de tudo está Ele. Só não podemos dizer que o pecado e a maldade foram determinados e originados diretamente por Ele, porque semelhante afirmação seria pura e simplesmente incompatível com a essência divina. Digamos apenas que Deus permite a maldade. Deus criou os homens como seres livres; deixa-lhes, portanto, a liberdade no querer e no agir, e, por isso, para não destruir a liberdade humana, permite o que não quer.

Mas tudo aquilo que nos atinge é vontade de Deus. Se alguém sofre um grande dano em consequência do pecado de outrem, Deus permitiu esse pecado e quis o dano que dele resultou. Em certos casos, podemos exigir reparação pelo dano sofrido, mas não podemos nem devemos julgar o seu autor: *Não vos vingueis uns aos outros, caríssimos, mas deixai agir a ira de Deus, porque está escrito: "A mim a vingança; a mim o exercer a justiça", diz o Senhor* (Rm 12, 19).

É tranquilizador e grato pensar que não estamos entregues às forças sombrias do destino, a violências cegas da natureza, nem à arbitrariedade, injustiça e crueldade de homens soberbos e sem fé, muito embora por vezes pareça ser assim e de fato o seja de um ponto de vista meramente humano. São Paulo sofreu imenso: desmedidos maus tratos, perigos de morte, cinco vezes flagelado pelos judeus e três vezes pelos pagãos, uma vez apedrejado, vítima de três naufrágios, em mil perigos contra os ladrões, pagãos, judeus, falsos irmãos, em rios, no deserto e no mar (cf. 2 Cor 11, 23-30). Por trás de todos esses perigos e sofrimentos, perseguições e injustiças, estava Deus por ele, como está sempre por nós. Nem os homens nem as forças da natureza têm o poder de nos infligir sofrimento, se esse poder não lhes tiver sido dado do alto (cf. Jo 19, 11). Mas esse poder é conferido na medida em que o Senhor o considera um bem para nós.

Os homens, com efeito, como quer que se chamem, como quer que sejam, por mais que se mexam e se esforcem, nada podem contra nós. Não podem constituir um perigo para a alma, a não ser que nós próprios o queiramos. Podem tirar-nos riquezas, pátria, saúde, família e a própria vida, podem obrigar-nos a muitas coisas, mas não podem tirar-nos o Senhor, a nossa felicidade eterna. As coisas e os acontecimentos, os amigos e os inimigos, os santos e os pecadores só interferem na nossa vida na medida em que Deus os utiliza como instrumentos da nossa salvação.

Devemos, pois, procurar a vontade divina, até mesmo por trás das consequências dos nossos pecados, porque o próprio pecado é permissão, mas *o seu efeito é vontade divina*. É nosso dever anular o pecado, o mais depressa possível, por meio do remorso perfeito de uma boa confissão. Mas, quanto às consequências, aceitemo-las da mão de Deus.

Um diretor espiritual, assoberbado pelo muito trabalho, costumava escrever aos seus dirigidos uma única frase: "Tudo me serve". Fome, frio, chuva, fadigas, o pior dos chefes que nos transforme a vida num tormento, tudo são apenas instrumentos nas mãos de Deus para nos amadurecer e santificar. Tudo está ao nosso serviço. "Tudo me serve". Estas três palavras tornaram muitos homens mais livres, mais amadurecidos, até santos.

A dor deve ser a nossa mestra, pois seria insensato não aprender a lição que nos dá. Não se trata de não empregar os meios ao nosso alcance para lhe pôr fim.

O cristão e a dor

Mas, quando não lhe podemos fugir, devemos aceitá-la da mão de Deus e suportá-la com Cristo, com paciência e humildade. Ela agirá por si para a edificação da nossa vida interior. Deus sabe tudo a nosso respeito: *Conheço a tua tribulação* (Ap 2, 9). Todos os caminhos por onde nos conduz, mesmo que sejam caminhos de dor, são caminhos de misericórdia e de graça: *Todos os caminhos do Senhor são misericórdia e verdade para os que buscam a sua aliança e os seus mandamentos* (Sl 24, 10).

A insolência dos pecadores

Já vimos que nós, cristãos, constituímos de modo muito especial uma família, uma comunidade de destino. Ora, quando numa família com vários filhos um deles é castigado por uma desobediência, de certo modo todos são castigados, porque essa punição vai destruir a harmonia íntima, a paz e a ordem da comunidade familiar. Devemos considerar este entrecruzar de destinos como determinado por Deus.

Há quem considere uma infelicidade ter nascido em determinada época porque, apesar de todo o seu empenho em proceder bem, sofre as consequências dos pecados e maldades dos outros. Evidentemente, é mais fácil viver numa família cristã do que num ambiente malsão. Mas quem sofre as consequências de um ambiente nocivo não deve pensar que os homens, com a sua maldade, interferiram no plano divino.

O homem não pode interferir nos planos divinos a ponto de transformá-los ou enfraquecê-los. É certo que os pecados e maldades dos nossos próximos nos causam

A VONTADE E A PERMISSÃO DIVINAS

muita dor e muita cruz, mas tudo isso estava já inicialmente incluído e considerado no plano da nossa vida.

Talvez precisemos dessa cruz mais para a nossa missão social do que para nós mesmos, porque, como já vimos, o nosso dever não se esgota na salvação pessoal: pede-nos uma atividade que contribua para a salvação do nosso próximo, para a salvação que Cristo nos ganhou com a sua morte na cruz.

Deus concebeu o plano da vida de cada indivíduo, não como um plano isolado, separado do das outras pessoas, mas como parte de um conjunto, na sua articulação com os planos de vida de todos os homens. A vida de cada homem não é determinada apenas pelas suas qualidades e capacidades, mas também pelas circunstâncias que o rodeiam: a família, o ambiente, os colegas e os adversários, amigos e inimigos, época, passado e presente.

Mas o homem e, com ele, a sociedade inteira estão cheios de injustiça, ambição e inveja (cf. Rm 1, 18-32). Em consequência, também a nossa vida se encontra necessariamente entrelaçada com os pecados dos outros, e temos de sofrer-lhes as consequências. Deus pode ver e consentir e, até certo ponto, mesmo querer tudo isso, pois Ele, que consegue suscitar das pedras filhos de Abraão (cf. Lc 3, 8), consegue fazer, de grandes pecadores, grandes santos. Temos muitos exemplos disto na vida de Santo Agostinho, Santa Margarida de Cortona e muitos outros. Como diz São Paulo, é precisamente na fraqueza humana que se revelam a força da graça e a grandeza da misericórdia divina (cf. 2 Cor 12, 9).

No entanto, a arrogância dos pecadores nunca atingiu o céu (Gn 11, 4). Assim como Deus pôs fim ao dilúvio, assim todo o período de dor chega ao fim. Os túneis mais compridos também têm fim. Ninguém dificulta a vida ao próximo sem incorrer em castigo: se um mau servo bater no companheiro, pensando que o seu senhor não vem, *virá o senhor daquele servo no dia em que ele não o espera e na hora que ele não sabe, e o despedirá, e o mandará para o destino dos hipócritas. Ali haverá pranto e ranger de dentes* (Mt 24, 48-51). Também a nós nos é dito que aguardemos ainda por algum tempo (cf. Ap 6, 11), mas sem desanimar nem esmorecer, pois *Ele julgou a causa do pobre e do infeliz* (Jr 22, 16; Sl 145, 7).

Na parábola do juiz injusto, o Senhor explica-nos que sempre se acaba por fazer justiça aos justos. Aquele juiz não temia a Deus nem respeitava os homens, mas fez justiça a uma viúva para que ela deixasse de importuná-lo: *E Deus não fará justiça aos seus escolhidos, que estão clamando por ele dia e noite? Porventura tardará em socorrê-los? Digo-vos que em breve lhes fará justiça* (Lc 18, 2-8). É necessário, pois, saber esperar.

"Os que agora são perseguidos..."

Deus pode consentir e até querer que o homem sofra, numa medida que não podemos imaginar, mas fá-lo por puro amor. Ninguém jamais foi amado por Ele com maior amor do que o seu Filho e a ninguém foram destinados caminhos mais dolorosos. Na mão do Senhor, a dor é a relha do arado com que Ele cava a terra da nossa alma, para que possa produzir frutos abundantes. Toda a vide é podada — pela dor — para que produza mais fruto (cf. Jo 15, 1-2). Deus tem de nos fazer padecer com Cristo para que com Ele possamos ser glorificados (cf. Rm 8, 17), e quanto mais semelhantes aos seus forem os nossos padecimentos, mais semelhante será também a glória que nos aguarda.

Bem-aventurados os que agora sofrem, porque o Salvador os louvará. Os que agora são perseguidos serão consolados e deles será o reino dos céus (cf. Mt 5, 4-10): *Bem-aventurados os que têm espírito de pobres, porque deles é o reino dos céus. Bem-aventurados os que têm fome e sede de justiça, porque serão saciados. Bem-aventurados os que choram, porque serão consolados. Bem-aventurados sois, quando vos injuriarem e vos perseguirem e, mentindo, disserem todo o mal contra vós por causa de mim. Alegrai-vos e exultai, porque grande é a vossa recompensa nos céus* (Lc 6, 20-28).

E São Pedro acrescenta: *Caríssimos, não vos perturbeis com o fogo que se acendeu no meio de vós para vos provar, como se vos acontecesse alguma coisa de extraordinário; mas alegrai-vos por serdes participantes dos sofrimentos de Cristo, a fim de que possais alegrar-vos e exultar quando se manifestar a sua glória. Se fordes ultrajados por causa do nome de Cristo, bem-aventurados sereis, porque a glória e virtude de Deus, o seu Espírito, repousa sobre vós* (1 Pe 4, 12-14).

E por fim São Paulo: *É por isso que não desfalecemos, antes pelo contrário; ainda que se destrua em nós o homem exterior, o nosso interior renova-se de dia para dia* (2 Cor 4, 16).

A DOR QUE AGRADA A DEUS

A dor afeta o corpo e a alma e aparece sempre que se rompe a harmonia interior ou exterior, o equilíbrio completo. Quanto mais comprometido estiver esse equilíbrio, maior será o sofrimento e este poderá medir-se pela grandeza da dor.
Porém, o valor do sofrimento não está na grandeza da dor, do sacrifício, mas na grandeza do amor com que essa dor é suportada. Se o valor do sofrimento se medisse pela grandeza do sacrifício, os que iniciam a sua vida espiritual teriam as maiores possibilidades de merecimento: para aqueles que têm de começar por lutar contra o pecado, a vida espiritual é dura e difícil, ao passo que, quanto mais se avança, mais fáceis se tornam as coisas. Se o valor do sofrimento estivesse na grandeza do sacrifício, a possibilidade de merecimento iria diminuindo à medida que a alma progredisse e, para os santos, deixaria quase de existir, pelo menos vistas as coisas sob o ângulo do sofrimento.
Quanto maior for o amor, mais fácil será o sacrifício, porque o amor tudo facilita. Parece-nos difícil, quase impossível, fazermos o mínimo esforço por um inimigo. Mas, por uma pessoa de quem gostamos, não há sacrifícios grandes nem difíceis, porque o amor torna o sacrifício um prazer.

O amor, obediência e glória de Deus

Outrora, para pôr uma carroça em movimento, era necessário o esforço de vários homens, mas, uma vez que começava a mover-se, bastava um para que continuasse a avançar, até com maior rapidez. Também no campo espiritual, se uma pessoa está parada, é necessário um grande esforço para que possa caminhar; mas, se essa mesma pessoa se esforça por prosseguir no seu caminho, um pequeno esforço será suficiente.

O que interessa no esforço pela conquista da santidade é a profundidade do amor e não o sofrimento: *Agora, pois, permanecem estas três coisas: a fé, a esperança e a caridade; porém, a maior delas é a caridade* (1 Cor 13, 13). Ela é o vínculo da perfeição (cf. Cl 3, 14).

Em princípio, o amor nada tem que ver com o sofrimento. Em contrapartida, está intimamente ligado à obediência: *Ama-me aquele que conhece e cumpre os meus mandamentos* (Jo 14, 21). *Porventura quer o Senhor os holocaustos e as vítimas, e não antes que se obedeça à sua voz? A obediência, pois, é melhor do que as vítimas: e mais vale obedecer do que oferecer a gordura de carneiros* (1 Sm 15, 22).

Na Sagrada Escritura, a obediência chega a ser equiparada ao amor. O amor é a inclinação recíproca de duas pessoas, com o desejo de se possuírem, de se unirem. Ao obedecermos à vontade de Deus, o nosso desejo é unirmo-nos a Ele: sermos com Ele um só coração e uma só alma. Esta renúncia à vontade própria não é fácil, porque representa um sofrimento, um sacrifício, e assim, o amor como obediência e abandono do eu acaba por conduzir à aceitação da dor.

Mas é uma dor que se aceita com gosto, pois só se justifica e só se consegue quando existe um grande amor, que arrasta com ímpeto para o ser amado. Quanto menor for o amor, tanto mais fortemente se sentirá a dor da renúncia à vontade própria. Um grande amor torna-nos quase insensíveis a essa dor.

Por sua vez, o nosso amor cresce, torna-se mais forte e mais profundo à medida que lutamos e dominamos a vontade, com nova obstinação, apesar de todos os obstáculos interiores e exteriores. Na dor, cresce a força de dedicação e nesta cresce o amor, e, à medida que este aumenta, adquirimos uma capacidade maior de acolher os ditames da vontade divina, ainda que nos custe.

Toda a criação irracional presta homenagem à Santíssima Trindade pelo simples fato de existir: ela nada pode fazer que não seja glorificar a Deus. Mas, na harmonia imensa que envolve o Senhor, glorificando-o, faltava ainda um potente acorde: a homenagem do homem que, podendo dizer "não" a Deus e pecar, no entanto, apesar de todos os padecimentos, respondesse com um "sim" livre à vontade de Deus, subordinando a ela a vontade própria.

Talvez esteja aqui uma das razões para a encarnação de Cristo. O Filho de Deus tomou a natureza humana para fazer-nos partilhar da homenagem única à Santíssima Trindade, possível apenas ao homem. Jesus Cristo quis elevar ao infinito essa nossa homenagem que, por nós, só podia ser limitada.

O sentido último da nossa vida está, pois, em glorificarmos a Deus por meio da realização da sua vontade. Este nosso serviço a Deus será tanto mais valioso quanto mais nos custar, quanto mais o mundo nos atrair e nos impelir a submeter-nos a ele, e quanto maior for, em contrapartida, o amor que nos leve a cumprir a vontade divina.

O "sacramento" do momento presente

Não somos nós que determinamos como havemos de cumprir a vontade divina, porque esse é um direito que Deus reservou para si. Ele mostra-nos a todo momento o que quer de nós, o que havemos de aceitar da sua mão, aquilo a que devemos renunciar. Só o momento presente pode, pois, ser portador da vontade divina, da misericórdia de Deus.

Fora do momento presente, não podemos receber misericórdia alguma, porque só esse momento é nosso. O momento presente é sempre um chamamento divino, o portador das ordens divinas. Nele reside a única realidade da nossa vida. Viver para o momento presente e valorizá-lo não é apenas a arte de viver, como também a arte de atingir a santidade. A eternidade só pode ser obtida através do tempo, e a vida toda, momento a momento, deve ser oferecida a Deus em sacrifício para que Ele nos conceda a eternidade.

Deus não exige, com efeito, um sacrifício repentino da nossa vontade, mas antes que, em cada momento que passa, nos esforcemos por obedecer-lhe. Ele ordenou todas as coisas, distribuiu os sacrifícios na nossa vida de tal modo que, no ocaso da nossa existência, estejamos amadurecidos para o céu, se tivermos obedecido à sua vontade. A dificuldade está em não desejar ou querer em momento algum senão o que Deus quer de nós. Que o nosso único desejo seja este: *Seja feita a tua vontade*

(Mt 6, 10). Desejo que é simultaneamente a nossa prece mais elevada, uma vez que Deus só quer conduzir-nos à mais elevada glória (cf. 1 Ts 4, 3).

A vontade de Deus nem sempre pede sacrifício

Deus não exige apenas cruz e sofrimento. Ele sabe que não nos é possível remar sempre contra a corrente, viver sempre sob pressão. A nossa natureza foi criada para a alegria e por isso nem o santo pode viver apenas de renúncias.

Há pessoas que julgam dever viver em sacrifício constante, martirizar-se sempre, procurar permanentemente sacrifícios. O resultado é perderem forças e, muitas vezes, ao serem chamadas por Deus, não conseguirem corresponder ao apelo divino. É perigoso este sacrifício incessante. Porque, afinal, interessa muito mais o sacrifício espiritual da nossa vontade do que esses sacrifícios ininterruptos, que muitas vezes podem encobrir vaidade e até exibicionismo.

Aliás, é um atrevimento da nossa parte querermos tomar a iniciativa dos nossos sacrifícios ou exagerá-los para apressarmos o processo de renúncia e, com ele, o da santificação. Neste ponto, o melhor é inimigo do bom. Como havemos de tomar a iniciativa, se não conhecemos a nossa natureza, as leis de crescimento a que estamos sujeitos, nem qual a nossa missão em relação ao todo? Quem o faz vai criar e fomentar obstáculos, em vez de aplainar o caminho a percorrer. O melhor caminho nem sempre é o mais difícil, mas aquele que Deus escolheu para cada um, com as alegrias e as dores correspondentes.

Veio João Batista, que não comia pão, nem bebia vinho [...] *Veio o Filho do homem que come e bebe...* (Lc 7, 33-34). Qual dos dois caminhos era o mais perfeito? Cada um deles seguiu o melhor, porque se conformou com a vontade de Deus. Eis também o que devemos fazer.

Há um princípio válido para os organismos vivos, que diz que a atividade fortalece o órgão. Com efeito, a natureza não mantém órgãos inativos, visto que acabariam por atrofiar-se. A memória, por exemplo, se for exercitada, manter-se-á ativa e pronta, e, dentro de certos limites, a sua capacidade de fixação aumentará cada vez mais.

Isto aplica-se ao mundo sobrenatural, mas só em parte. Porque nem tudo, ou nem a melhor parte, é escolher, determinar, comandar, reger... Quando teimamos em escolher os nossos sacrifícios, independentemente do que Deus determina, estamos a exercitar o *eu* que, em vez de morrer, se reanima e faz com que a nossa extrema "boa" vontade se torne o nosso pior inimigo. É essa uma ascese perigosa, porque nela o mal aparece disfarçado de anjo da luz (cf. 2 Cor 11, 14).

Este perigo ameaça particularmente o homem ocidental, extremamente ativo, que se sente infeliz quando não pode trabalhar. Esse ativismo compulsivo pode também manifestar-se na vida espiritual. Procedemos como se tudo dependesse de nós, como se nos sentíssemos obrigados a conseguir algo de grande.

Ora o Senhor não precisa de nós, pelo menos quando e como julgamos. "Precisa" de cada indivíduo, pois caso contrário não o teria chamado à vida: Deus nada faz sem sentido e sem finalidade. "Precisa" até "muito" de todos nós, porque a cada um compete uma missão única que só ele pode realizar. Mas como, quando, onde e para que precisa de nós, não o sabemos; só Ele o sabe.

A melhor maneira de ajudarmos o Senhor é, portanto, uma só: procurar manter-nos vigilantes para nos apercebermos da sua vontade: *Senhor, que queres que eu faça?* (At 9, 6). Só quando nos reduzirmos ao silêncio é que Ele poderá operar algo de grandioso por nosso intermédio. Se a ferramenta se tornasse independente das mãos do mestre, perderia todo o valor e não serviria para nada.

Trabalho e santidade

Por vezes, se não "trabalhássemos" tanto, conseguiríamos mais. O Senhor deixa de ter a possibilidade de agir no nosso íntimo quando nos encontra cheios de nós e das nossas ocupações. A atividade humana é necessária, é certo, porque, se assim não fosse, nem mesmo a Igreja poderia ser governada. Não podemos, porém, realizar essa atividade como se ela partisse de nós, mas inspirada e levada a cabo pelo espírito e pela vontade de Deus. Se assim não fosse, poderíamos dar grandes passos, mas fora do caminho: *O que vivifica é o espírito, a carne para nada aproveita* (Jo 6, 63).

Cada um de nós deve esforçar-se, pois, por realizar o melhor possível aquilo de que Deus o incumbiu e no lugar que lhe foi destinado, mas não pelo valor dos atos em si, e sim porque Deus o encarregou dessa missão. Nunca trabalhamos bastante para Deus. A nossa dependência dEle não deve incapacitar-nos para este mundo e, assim, um bom cristão não deve ser um mau trabalhador. Pelo contrário, precisamente porque trabalha para o Senhor e neste mundo, e porque é por meio do trabalho que quer merecer a vida eterna, é precisamente por isso que tem de esforçar-se para que ninguém o supere nas suas tarefas terrenas. Cada um de nós deve esforçar-se ao máximo por cumprir as suas tarefas o melhor possível, sem temer sacrifícios, por grandes que sejam. Desde que se trate de cumprir o dever, a cruz e a dor não nos devem assustar.

Mas em caso algum devemos tornar-nos dependentes do êxito alcançado no trabalho, como se só ele interessasse. Nesse êxito espreita-nos o perigo de nos tornarmos orgulhosos, vaidosos, vítimas de uma cegueira que nos dirá que o sucesso obtido tudo permite. O êxito procurado em si, por mais sacrifícios que nos custe, não pode conduzir à santidade, como podemos ver pelo exemplo da Sagrada Família em Nazaré.

As três pessoas mais santas que já existiram sobre a terra levaram uma vida tão simples que todos os que conviviam com elas não lhes deram atenção. Quando Filipe disse a Natanael que tinha encontrado aquele de quem tinham escrito Moisés na lei e os profetas, Jesus de Nazaré, filho de José, Natanael não quis crer nesse Messias. Era natural de Caná, uma pequena aldeia junto de Nazaré, e achava que de Nazaré nada podia sair de bom (cf. Jo 1, 45-46).

Deus procurou que não se levantassem grandes rumores à volta do nascimento de Jesus, ao contrário do que aconteceu com João Batista: *O temor apoderou-se de todos os seus vizinhos e o fato divulgou-se por todas as montanhas da Judeia; e todos os que souberam dele ponderavam-no no seu coração, dizendo: que virá a ser este menino?* (Lc 1, 65-66).

Na cidade de Belém, talvez se tivesse falado das aparições angélicas aos pastores e da insólita visita dos magos vindos do Oriente. Mas logo caiu sobre ela e os seus arredores a grande dor da matança dos inocentes. Todos estavam aflitos e é provável que ninguém tivesse notado que a família de José desaparecera sem deixar rastro.

Também teria havido comentários se São José, de acordo com o seu primeiro plano, tivesse regressado do Egito a Belém; mas foi aconselhado em sonhos a ir para Nazaré (cf. Mt 2, 22-23). Aqui é possível que tivessem falado sobre o novo carpinteiro recém-chegado do estrangeiro com a mulher e o filho, mas, como a família nada tinha de extraordinário, em breve se devem ter cansado de ocupar-se dela.

A Sagrada Família não se evidenciava, pois, em coisa alguma. Se assim não fosse, os habitantes de Nazaré não se teriam admirado nem ficado confusos quando o Salvador entrou pela primeira vez na sinagoga: *De onde lhe vêm esta sabedoria e estes milagres? Porventura não é este o filho do carpinteiro? Não se chama sua mãe Maria?* [...] *Donde vêm pois a este todas estas coisas?* Todos se sentiram ofendidos, pois Ele não estudara e todos sabiam de onde vinha e lhe conheciam os parentes. Nunca fizera nada de sensacional, não tinha parentes ricos... E não acreditaram nEle (cf. Mt 13, 55-58).

A verdadeira grandeza

A santidade não está, repetimos, nos grandes feitos, nos grandes sacrifícios, mas no cumprimento da vontade divina.

Naamã, general do exército da Síria, viu-se atacado de lepra e foi à Samaria para que o profeta Eliseu o curasse. Quando parou diante da casa do profeta com grande comitiva e muitos presentes, Eliseu mandou-lhe dizer por Giezi, seu criado, que se lavasse sete vezes no Jordão e ficaria curado (cf. 2 Rs 5, 10 e segs.). Naamã agastou-se e pensou que os rios de Damasco, o Abana e o Farfar, eram melhores que as águas de Israel. E já se ia retirando quando os servos se chegaram a ele e lhe disseram: *Pai, se ao menos o profeta te houvesse ordenado uma coisa muito difícil! Quanto mais agora que te disse: Lava--te e ficarás limpo!*

Assim é. Se o profeta lhe tivesse exigido uma operação difícil ou dispendiosa, em termos célebres, Naamã teria seguido sem hesitar as suas indicações; mas uma coisa tão simples, tão comum, não lhe mereceu atenção.

O caso de Naamã repete-se com frequência. Os grandes sacrifícios parecem ser aceitos com maior agrado do que os pequenos, isso porque os primeiros nos satisfazem a vaidade. São poucas as pessoas que conseguem fazer os pequenos sacrifícios do dia a dia, guardar a fidelidade em pequena escala. Muitos homens esperam toda uma vida pelo grande momento em que Deus os chamará para algo de grandioso. Mas como hão de desempenhar-se da incumbência divina se passaram a vida, por assim dizer, numa sala de espera, confiados em que lhes chegaria algo excepcional e só para eles? Esperam e tornam a esperar, e de repente acaba-se a vida. Não fizeram coisa alguma, nem grande nem pequena.

Ser grande nas coisas grandes não é difícil, porque nos atrai a grandeza da missão, mas sê-lo nas pequenas coisas, isso sim, é verdadeira grandeza e verdadeira santidade. É este caminho pequeno e obscuro da fidelidade no cumprimento dos deveres cotidianos que conduz à santidade: *Se alguém quiser vir após mim, tome a sua cruz de cada dia* (Lc 9, 23).

Estamos demasiado presos ao mundo quando deveríamos medir tudo por padrões sobrenaturais. Por vezes, chegamos até a medir os próprios valores sobrenaturais com medidas terrenas e é por isso que nos sentimos tão tristes, tão abatidos quando não temos um êxito visível nos nossos esforços por progredir na vida cristã. Como consequência, há muitos que desistem por julgarem que não podem atingir a meta.

Em muitos homens, Deus tem de remover entulho antes de começar a edificar. Para a salvação de alguns, torna-se mesmo necessário que sejam malsucedidos, que não tenham êxitos externos, apesar da sua boa vontade. São aqueles que se têm em grande conta, que se julgam superiores, capazes de beber o cálice com o Senhor (cf. Mc 10, 38-39), de o acompanhar à prisão e à morte (cf. Lc 22, 33). Os êxitos visíveis tornaram-nos ainda mais vaidosos e eles afastam-se cada vez mais de Deus. Alguns precisam ficar cegos para começar a ver: *Para mim, foi bom que me humilhasses, Senhor* (Sl 118, 71). A derrota externa é muitas vezes condição fundamental para a edificação interior.

Êxito e insucesso

Socialmente, mede-se o valor dos homens apenas pelos seus feitos. Todo aquele que consegue algo, que vence, tem o direito de viver; os inúteis não possuem esse direito. Quem tem êxito é bom, quem sofre derrotas é mau.

Nunca nos devemos deixar guiar por tais princípios. O êxito ou o insucesso no trabalho não dependem em muitos casos do valor de um homem, mas de condições e circunstâncias internas e externas que estão quase sempre fora do alcance da vontade e poder humanos. Trabalhar com insucesso, semear chorando é um dos sacrifícios mais duros que Deus nos pode pedir. Perseverar no nosso lugar apesar de todos os insucessos e continuar a cumprir incansavelmente o dever é autêntica santidade.

Espiritualmente, o insucesso é muitas vezes uma cura para a vaidade, uma prova de que somos apenas cinza e pó (cf. Jb 30, 19). Outras vezes, é um eficaz meio apostólico: o Senhor manda semear aqui, com lágrimas, para colher além, com alegria. Chegamos assim ao provérbio: *Um é o que semeia, outro o que colhe* (Jo 4, 37). A graça não está presa ao tempo e ao lugar; ultrapassa-os, transcende-os. Nunca é malsucedida; atua muitas vezes mais tarde e em outros lugares.

A vida de Jesus Cristo é a mais bela demonstração de que a santidade não se manifesta necessária, incondicional e imediatamente por êxitos externos, visíveis, palpáveis. O que Ele semeou só veio a dar frutos mais tarde e em outros lugares: trinta, sessenta e cem vezes mais. Do ponto de vista humano, o êxito da sua atividade foi muito limitado. Teve alguns sucessos com os seus milagres, mas não foi de modo algum um pregador bem-sucedido. Na sinagoga de Cafarnaum, após o primeiro sermão eucarístico, ficaram-lhe talvez não mais que doze ouvintes, e em Nazaré chegaram a fazê-lo descer do "púlpito". No fim da vida, quando morreu na cruz, eram poucas as pessoas que o apoiavam e estavam prontas a morrer com Ele. O Salvador, o mais santo dos filhos do homem, teve de realizar por vontade do Pai o sacrifício de renunciar a êxitos visíveis.

Tal como o Divino Mestre, alguns santos sofreram, a par de grandes sucessos externos, enormes derrotas. As tentativas missionárias de um São Francisco de Assis, de um Santo Inácio de Loyola falharam por completo; a segunda cruzada pregada por São Bernardo de Claraval foi um grande insucesso, e, como eles, houve muitos outros santos que não tiveram grandes feitos ou êxitos a assinalar. Por vezes, nem mesmo aqueles que mais diretamente os cercavam se davam conta de uma especial santidade. Santa Teresinha do Menino Jesus, após uma dolorosa punção, estava a descansar quando ouviu vozes na cozinha. Falavam da sua morte, que não vinha longe, e da perplexidade em que iria achar-se a priora para redigir-lhe o obituário, pois Santa Teresinha era amável, mas nada tinha digno de menção.

A santidade não reside, pois, na grandeza do sacrifício, do êxito, mas na do amor com que se vive e se quer a vontade de Deus. O valor do sofrimento, da renúncia, está principalmente em que a força de vontade, isto é, do amor, se sente por assim dizer constantemente estimulada — não desencorajada — pelos obstáculos que surgem. É assim que o amor se desenvolve cada vez mais.

ALEGRIA NA DOR?

Nunca poderemos afastar a dor ou vencê-la neste mundo, porque o seu mistério é demasiado profundo, demasiado obscuro, e ainda porque nada há que mais repugne à nossa natureza. Deus criou-nos para a alegria, para a felicidade, e todos teríamos podido gozar no jardim do Éden de uma vida sem dor, sem sofrimento, plena de satisfação, de felicidade, de bem-aventurança. E desse paraíso terreno passaríamos sem luta, sem dor e sem morte para outro ainda mais belo e eterno.

O pecado dos nossos primeiros pais trouxe, porém, ao mundo, como elemento novo, o sofrimento, mas Deus não mudou a natureza humana. Não, ela continua, tal como dantes, feita para a alegria. E é esta a grande tragédia da nossa vida. Criados para a alegria, vemo-nos forçados a suportar a dor, dia a dia. Por isso, a nossa natureza nunca pode acomodar-se ao sofrimento, tem que lutar, e tende sempre a repelir a dor.

A dor e a alegria

Também os santos, homens como nós, não são capazes de aceitar o sofrimento a partir da sua natureza humana e não conseguem recebê-lo sempre com alegria. Nem sempre podemos dizer que, quanto maior é a santidade, maior é a alegria com que se aceita a dor, porque esta dificilmente será compatível com aquela.

# O cristão e a dor

Nem mesmo o Salvador divino pôde aceitar com alegria os padecimentos que se iniciaram no Getsêmani: *Começou a sentir pavor e angústia.* [...] *A sua alma estava numa tristeza mortal.* E orava: *"Pai! Tudo te é possível; afasta de mim este cálice! Contudo, não se faça o que eu quero, senão o que tu queres"* (cf. Mc 14, 32-42). O Pai enviou-lhe então um anjo que o fortaleceu. Mas, apesar desse conforto, abateu-se sobre Ele tal medo da morte que o suor lhe caía pelo chão como gotas de sangue (cf. Lc 22, 43-44), e procurou consolação não só junto do Pai, como também junto dos homens, dos Apóstolos. Pouco se afastou deles, para ficar ao menos ao alcance da sua vista e ouvido; depois, procurou-os por três vezes, em busca de uma consolação que não conseguiu encontrar, pois a Sagrada Escritura diz que eles dormiam (cf. Lc 22, 45; Mc 14, 37.40.41).

Nos sofrimentos espirituais, é difícil que uma dor profunda deixe espaço para a alegria. Nas dores físicas, porém, o amor ou o recolhimento podem ser tão intensos que quase não as deixem sentir. Sabemos, por exemplo, que São Lourenço, com o corpo queimado sobre uma grelha em brasa, ainda conseguia gracejar[1]. Santa Perpétua nem se recordava dos padecimentos sofridos na arena[2].

---

1   São Lourenço, diácono da igreja de Roma, foi martirizado na perseguição de Valeriano por volta do ano 258. Santo Ambrósio de Milão (*De officiis* 1, 41 e 2, 8; *Epíst.* 37, 36) narra que o mártir morreu assado sobre uma grelha, e que a certa altura pediu aos carrascos que o virassem, pois "daquele lado já estava bem passado"... (N. do E.).

2   *Martírio das Santas Perpétua e Felicidade e dos seus companheiros*, 20-21, em Daniel Ruiz Bueno, *Actas de los mártires*, 5ª ed., BAC, Madrid, 1996, pp. 437-439. Durante a perseguição de Septímio Severo, por volta do ano 202, foram martirizados vários catecúmenos do Norte da África, entre eles a matrona Perpétua. Na arena, foram atacados por uma vaca feroz, que a derrubou e feriu; mas ela se levantou, ajudou a companheira Felicidade a levantar-se também, e dirigiu-se para a porta chamada *sanavivaria*, por onde saíam os vivos; lá chegando, perguntou a um rapaz: "Quando vão soltar essa vaca de que nos falaram?" Pouco depois, foi degolada com os companheiros sobreviventes (N. do E.).

ALEGRIA NA DOR?

E São Paulo chegou a dizer: *Estou cheio de consolação, estou inundado de alegria no meio de todas as nossas tribulações* (2 Cor 7, 4).

Mas tudo isso são exceções, porque, para a maioria das pessoas, também a dor física apaga a alegria no coração, e por isso Deus já se satisfaz quando aceitamos os padecimentos com paciência e resignação. Mas, por ser extremamente valiosa, seria muito bom que conseguíssemos chegar a receber todo o sofrimento com alegria: *Deus ama quem dá com alegria* (2 Cor 9, 7).

Isto não significa que devamos procurar a dor pela dor, porque, se o fizermos, mereceremos a censura de estar em oposição com a vida, de a detestarmos, como tantas vezes nos atiram em rosto. A salvação não está na dor em si. Não podemos procurar a santificação através da dor como o fazem os faquires indianos. Nós apreciamos a saúde e não a doença, a beleza e não a fealdade, a alegria e não a dor. E se adoecemos, temos a obrigação de fazer tudo o que seja razoável e esteja ao nosso alcance para recuperar a saúde.

Ora, o que se passa com a doença deve acontecer também em relação a outros sofrimentos que nos afligem. Temos de tentar, na medida do possível, afastá-los de nós e dos outros, defendermo-nos deles, muito embora saibamos que, apesar de todos esses esforços, têm muito de inevitável e irremovível: são essas cruzes, dores e doenças, muitas vezes em grande número, que temos de saber aceitar sem revolta da nossa parte, visto que seria inútil *recalcitrar contra o aguilhão* (cf. At 9, 5) e só conseguiríamos dar origem a novos sofrimentos. Mas o princípio é que devemos aceitar a doença e a dor apenas na medida em que nos sejam inevitáveis.

O cristão e a dor

Não é apenas a religião da cruz

A dor não é, pois, para nós uma fonte incondicional de alegria, pois não a amamos por si mesma, não a encaramos como *finalidade*, mas como *meio*. A nossa religião é a religião da cruz, mas não reside nesta o seu sentido último.

Disse alguém que a vinda do Salvador tornou a vida dos homens infinitamente mais difícil. Aparentemente, a afirmação é verdadeira. Antes de Cristo, a vida do homem era já cruz, dor e miséria, mas Ele veio acrescentar novos padecimentos aos antigos. O caminho da nossa vida tornou-se ainda mais estreito e íngreme. Não nos trouxe Cristo toda uma série de mandamentos e proibições? Em vez do *olho por olho, dente por dente* (Ex 21, 24), exigiu: *Amai os vossos inimigos, fazei bem aos que vos odeiam e orai pelos que vos perseguem e caluniam* (Mt 5, 44). Se antes apenas era proibido o ato externo, agora exige-se a pureza até no mais íntimo do coração (cf. Mt 5, 27-37).

Terá então o Salvador vindo efetivamente para nos tornar a vida ainda mais difícil do que já era? Não pode ser este na verdade o sentido da Redenção. Cristo veio ao mundo para nos livrar do pecado, e não da cruz e da dor, mas veio também para nos tornar mais fácil a vida e principalmente para nos ajudar a carregar a cruz: *Vinde a mim todos os que trabalhais e vos achais sobrecarregados, e eu vos aliviarei*. Nele encontramos *descanso para as nossas almas* (cf. Mt 11, 28-29). Veio para nos dar a sua paz, não como a dá o mundo, que diz "paz, paz" e afinal não é paz (cf. Jr 6, 14): *Dou-vos a minha paz, não como a dá o mundo* (Jo 14, 27). Quis transmitir-nos a sua alegria, uma alegria divina, celestial: *Disse-vos estas coisas para que*

ALEGRIA NA DOR?

a minha alegria esteja em vós e a vossa alegria seja completa (Jo 15, 11). Devíamos ter em nós a sua alegria, em toda a plenitude (cf. Jo 17, 13).

Temos de proceder com decisão e não recuar covarde e dolorosamente perante qualquer sacrifício que nos seja exigido ou perante cada obstáculo que se levante à nossa natureza. Mas, à medida que crescermos no amor por meio de um domínio paciente e corajoso da dor, verificaremos que a nossa religião é mais alegria do que cruz. Se vivêssemos pelo espírito, não sentiríamos tanto o peso dos sacrifícios e poderíamos dizer com São Paulo: "Em tudo sofremos tribulação, estamos cercados de dificuldades, somos perseguidos, abatidos, trazendo sempre em nosso corpo a mortificação de Jesus" (cf. 2 Cor 4, 8-12), e, no entanto, trazemos no coração *a paz de Deus, que excede qualquer medida* (Fl 4, 7).

A dor é, pois, sempre e apenas meio e caminho que conduz à meta, é apenas uma passagem. Para os cristãos, nunca as trevas cerradas cobrirão o mundo. A noite de Getsêmani e do Gólgota — *e escureceu-se o sol* (Lc 23, 45) — é sempre iluminada pela luz da manhã da Páscoa que alvorece. Há sempre uma luz pascal a iluminar as trevas da nossa dor, pois nós não podemos ver apenas a cruz presente; o nosso olhar deve estender-se para além do tempo e contemplar a eternidade gloriosa. Se deixarmos cair um raio da luz pascal da glória eterna no dia a dia cinzento da nossa vida, tudo nos será mais fácil e alegre.

É verdade que em todas as vidas há uma Sexta-feira da Paixão e todos nós temos de sofrer esse dia, quer queiramos quer não. Temos apenas a liberdade de escolher essa dor aqui na terra ou na eternidade. Como são insensatos

O cristão e a dor

os homens que compram um pouco de felicidade terrena pelo preço da dor eterna! Aqueles, porém, que sofrerem no mundo, não demorarão a ver o dia de Páscoa que não conhece ocaso. E essa esperança traduzir-se-á em alegria já agora.

A DOR E A SANTA MISSA

A dor que paira sobre nós como um fardo pesado e muitas vezes inconcebível pode tornar-se compreensível em todo o seu sentido e significado à luz da Santa Missa. A nossa vida deve ser uma oferenda a Deus. Devemos oferecer os nossos corpos *como uma hóstia viva, santa, agradável a Deus* (Rm 12, 1), visto que ao Senhor não agradam sacrifícios de novilhos de um ano, de mil carneiros ou muitos milhares de bodes gordos (cf. Mq 6, 6-8). O que lhe agrada é o sacrifício de nós mesmos. Mas não lhe agradamos tal como somos, terrenos, pecadores e mortais: *A carne e o sangue não podem possuir o reino de Deus* (1 Cor 15, 50). O nosso sacrifício só será grato a Deus em Jesus Cristo, que é o mediador entre nós e o Pai: *Há um só mediador entre Deus e os homens, que é Jesus Cristo homem* (1 Tm 2, 5; cf. Heb 9, 15). Só por Ele podemos chegar ao Pai (cf. Jo 14, 6), só através dEle podemos converter-nos num sacrifício santo, imaculado e inocente para Deus e alcançar a perfeição (cf. Cl 1, 22.28). Esse é o sentido da Santa Missa.

O sacrifício do dia

Já os pagãos sentiram muito cedo que não podiam passar diretamente do arado para o altar de Deus, cobertos, por assim dizer, da poeira do dia a dia. Por isso escolheram os melhores, os mais piedosos e os mais inteligentes dos seus homens para que servissem de intermediários: encarregavam-se de sustentá-los para que nada tivessem que ver com os cuidados cotidianos e, em troca, pediam-lhes que vivessem separados do mundo, em regime de pureza e santidade, aproximando-se dos deuses e apresentando-lhes os sacrifícios do seu povo em nome dele.

Isso é o que se passa quando o sacerdote católico se aproxima do altar e oferece o sacrifício da Santa Missa em nome próprio e no da comunidade que lhes está confiada: *Tomado dentre os homens, é constituído a favor deles nas coisas que se referem a Deus* (cf. Heb 5, 1). Porém, não é só o sacerdote que tem por missão cuidar da matéria do sacrifício, mas também os fiéis pelos quais esse sacrifício é oferecido.

E o que deve ser, no nosso caso, essa matéria do sacrifício? O pão e o vinho não são dádivas próprias para Deus e o Senhor aprecia-as ainda menos que os sacrifícios mais valiosos do Antigo Testamento, que recusou: *Não receberei da tua casa bezerros nem cabritos dos teus rebanhos. Porque minhas são todas as feras das selvas, os animais nos montes, aos milhares. Conheço todas as aves do céu; é minha a formosura do campo. Se tiver fome, não to direi a ti, porque minha é a redondeza da terra e a sua plenitude* (Sl 49, 9-12).

A única dádiva digna de Deus — que por nós aceitou o sacrifício daquilo que Ele mesmo possuía de melhor, o seu próprio Filho — é que, por um imperativo da mais elementar justiça, também nós sacrifiquemos por Ele o que de melhor possuímos, aquilo a que atribuímos mais valor. Mais uma vez, assim o compreenderam também os pagãos. Por aberrantes que fossem os sacrifícios humanos de outras eras, a verdade é que implicavam algo de muito profundo. Nem sempre eram sacrificados apenas os escravos ou prisioneiros de guerra. Nas vésperas da segunda guerra púnica (218-210 a.c.), os cartagineses sacrificaram a Moloch, o ídolo da cidade, duzentos mil meninos de dez anos, das mais nobres famílias da cidade. As mães cartaginesas amavam tanto os seus filhos como as nossas, mas aos deuses era necessário sacrificar o que possuíam de melhor.

E assim como Abraão devia sacrificar a Deus o que tinha de melhor, o seu filho Isaac, também nós, na Santa Missa, devemos colocar-nos a nós próprios na patena como sacrifício. Abraão teve a permissão de sacrificar um cabrito em vez do filho, e nós apresentamos a Deus pão e vinho, mas não devemos esquecer, sacerdotes e fiéis, que essas oferendas são um símbolo de nós mesmos. As orações que se rezam no ofertório da Missa não devem ser pronunciadas apenas como oração, mas acompanhadas de um ato interior de sacrifício. E esse sacrifício não é senão o sacrifício do nosso eu.

Mas esse sacrifício espiritual do nosso eu na Santa Missa não basta e tem de ser transformado em ato no decorrer do dia. Devemos demonstrar por obras que a intenção com que nos oferecemos a Deus pela manhã era sincera e por isso, pelo dia adiante, nos consideramos como sacrificados à vontade do Senhor: *Eu te mostrarei, ó homem, o que te convém, o que o Senhor requer de ti: que pratiques a justiça, que ames a misericórdia e andes com humildade diante do teu Deus* (Mq 6, 8).

Isso significa que não interessa que façamos sacrifícios de sangue e fogo, mas que sacrifiquemos a Deus a nossa vontade. E esse sacrifício que fizemos na Santa Missa e pelo dia implica a aceitação da mão do Senhor de tudo o que o dia nos trouxer de deveres e missões, e sobretudo de cruz e dor.

Vale a pena observar, porém, que tendemos a limitar demasiado a noção de "sacrifício" e por isso a deturpamos. Em sentido amplo, sacrificar significa "dar", "oferecer" a alguém uma coisa que é nossa. Ora, dar o que nos pertence é sempre mais ou menos difícil e sentimo-lo de cada vez que o fazemos. É nessa *dificuldade* que vemos a essência do sacrifício, mas não temos razão.

O que Deus exige de nós como sacrifício é que entreguemos a nossa *vontade*. Algumas vezes, fá-lo-emos com grande dificuldade; mas outras, muitas até, não chegará a ser "sacrifício" no sentido que costumamos atribuir à palavra. Com frequência Deus nos dará grandes alegrias, que correspondem exatamente aos nossos desejos; e neste caso trata-se simplesmente de aceitar essas alegrias das mãos de Deus, com gratidão, para mais tarde podermos levar corajosamente, empregando as forças adquiridas nesses momentos de descanso, a cruz que Ele nos deu.

Insistimos: é na oferenda a Deus da nossa vontade, na renúncia aos nossos desejos, que reside a essência do sacrifício.

Ofertas dignas do Senhor

Quando queremos dar de presente alguma coisa, é necessário que esta seja, de certo modo, adequada à pessoa a quem se destina. A nossa oferta do pão e do vinho não pode ser uma oferta adequada para Deus e por isso a Igreja faz o sacerdote pedir depois do ofertório, na Oração

Eucarística I, que os nossos dons se tornem "benditos, oferecidos, legítimos, retos e aceitáveis"[1].

Cristo ouve então as nossas preces e vem em auxílio da nossa pobreza. Pela boca do sacerdote, pronuncia as palavras que transformam os nossos dons terrenos: *Isto é o meu corpo* [...]. *Este é o meu sangue*. Por essas *suas* palavras — que constituem o mistério da transubstanciação — passamos a possuir um dom digno do Senhor e nem o céu com todos os seus anjos e santos pode apresentar outro que seja mais digno da Santíssima Trindade.

Após a transubstanciação, já podemos por assim dizer apresentar-nos ao Pai. A partir desse momento, em que lhe levamos a oferta infinitamente preciosa do Corpo e do Sangue do seu Filho, Ele ouve-nos com toda a certeza.

Ora, tal como as nossas oferendas, também nós não somos dignos de Deus, e por isso devemos orar na Santa Missa para que tanto as nossas oferendas como nós próprios sejamos santificados, purificados e dignos do Senhor. Devemos pedir fervorosamente ao céu que nós mesmos sejamos "transubstanciados".

Se realmente assistíssemos à Santa Missa com verdadeiro espírito interior, ela tornar-nos-ia cada vez mais santos e, portanto, mais agradáveis a Deus. Cada Missa unir-nos-ia mais a Cristo e passaríamos a ser melhores na vida diária do que havíamos sido após a Missa anterior; e, por esse caminho, no fim da vida a nossa transformação em Cristo seria completa.

O sentido do sacrifício não está em renunciarmos a um pouco do nosso pão ou a umas gotas do nosso vinho.

---

[1] Texto original latino (N. do E.).

De que serviriam para Deus? Apenas lhe daríamos uma coisa que já lhe pertence. O sentido da oferenda do pão e do vinho é criar o fundamento, a base do verdadeiro sacrifício, que é a oferenda das nossas vidas, transubstanciadas por Cristo.

Sem oferenda, sem sacrifício, não há transubstanciação. É por isso que as hóstias guardadas na sacristia não são transformadas. Quanto mais hóstias oferecermos em sacrifício na Santa Missa, tantas mais serão transubstanciadas por Cristo. A nossa missão é sacrificar, a de Deus, consagrar. Podemos apenas sacrificar, nunca transubstanciar, visto que só Ele o pode fazer. Cristo depende de nós pelo "sacrifício", mas nós dependemos dEle pela transubstanciação.

O que se passa na Santa Missa passa-se também na nossa vida. Através do sacramento do Batismo fomos sacrificados e consagrados a Deus, e por isso não temos nenhum direito de dispor de nós: *Porventura não sabeis que já não vos pertenceis?* (1 Cor 6, 19). Só conseguiremos a total união com Deus quando deixarmos de nos servir a nós próprios, para passar a servir o Senhor. Quanto mais nos sacrificarmos — quanto mais oferecermos a nossa vontade a Deus —, tanto mais nos uniremos a Ele por intermédio de Cristo.

Também aqui não haverá "transubstanciação" sem "sacrifício", e a nossa missão será sacrificar. Não há homem algum que possa divinizar-se a si próprio. Dependemos, pois, de Cristo, mas Ele não poderá realizar o milagre da transubstanciação se não nos colocarmos livre e conscientemente no altar do Senhor: nisso consistirá o nosso sacrifício. Aquilo que, num assomo de independência e egoísmo, usarmos unicamente em proveito próprio, nunca poderá ser transubstanciado: *Quem ama a sua vida, perdê-la-á* (Jo 12, 25).

"Eu vivo, mas já não sou eu..."

No Antigo Testamento, cada um dos sacrifícios era determinado e prescrito com exatidão: *Se ofereceis em sacrifício um animal cego, não haverá mal nisso? E se trazeis um animal coxo e doente, não vedes mal algum nisso? Oferece-os ao teu governador: achas que lhe agradariam, que ele te receberia bem?, diz o Senhor dos exércitos* (Ml 1, 8).

Também na Santa Missa as oferendas estão determinadas com exatidão: pão de trigo e vinho de uvas. E na missa da nossa vida as coisas passam-se do mesmo modo. Não somos nós que escolhemos as oferendas. Sacrifícios de sangue e de fogo, por grandes que sejam, não os aceita o Senhor da nossa mão. Recordemos as suas palavras ao profeta: *Vá um de vós e feche as portas. Não acendereis mais em vão o fogo do meu altar [...]. Nenhuma das vossas ofertas me é agradável* (Ml 1, 10).

Não podemos realizar o sacrifício da nossa vontade segundo o nosso modo de ver, mas da maneira e com o alcance que Deus determina. E Ele mostra-nos sempre o que deseja através daquilo que o momento presente nos traz. É este o único sacrifício que Ele aceita da nossa mão e através do qual somos transubstanciados em Cristo.

Deus determinou de antemão o plano dos nossos sacrifícios. Se aceitarmos cada momento da nossa existência como vindo da mão de Deus, no fim da vida estaremos sacrificados e, portanto, transubstanciados em Cristo. *Eu vivo, mas já não sou eu; é Cristo que vive em mim* (Gl 2, 20). Seremos então propriedade de Deus, oferenda pura, santa, agradável a Deus e digna dEle, e a nossa alma, logo após a morte, poderá ser levada pela mão do anjo como oferenda para o altar que se ergue no céu em frente do trono do Senhor.

Daqui resulta que a única missão da nossa vida é vivermos o momento que passa e libertarmo-nos de todas as outras preocupações. E isto nem sempre é fácil, porque significa nada mais nada menos do que apagar completamente a vontade própria. Mas não há outro caminho: se queremos alcançar uma vida superior, o único meio é dar morte à inferior: *Insensato! O que tu semeias não ganha vida se primeiro não morre* (1 Cor 15, 36).

Esta supressão é tão difícil que não podemos realizá-la por nós próprios, nem mesmo temos o direito de o fazer. A última parte desse processo, a purificação passiva, realiza-se em esferas que não estão ao nosso alcance. Deus exige-nos os maiores sacrifícios quando são necessários para a salvação da nossa alma ou da dos outros. Exige-os com vista à transubstanciação, e ela só pode fazer-se com perfeição se tiver sido precedida por um sacrifício perfeito. E como o sacrifício perfeito não pode ser realizado por nós mesmos, Deus intervém na nossa vida ou determina a intervenção de outros.

Sacrifício e comunhão eucarística

Na Santa Missa, Deus é honrado pela apresentação dos nossos dons transubstanciados por Cristo. Assim como Cristo se ofereceu na Cruz, derramando o seu sangue, vai oferecer-se sempre de novo ao Pai na Santa Missa, sem derramamento de sangue; deste modo, Deus quase recebe mais honras e homenagens da terra que do céu.

Nós demos a Deus o que de melhor a terra poderia dar-lhe: o seu próprio Filho. Mas como o Senhor não pode deixar-se ultrapassar em generosidade, oferece-nos o que há de melhor no céu. Ora, Jesus Cristo é o que de melhor e mais valioso nos pode ser retribuído pelo céu. E nós aceitamos de Deus essa dádiva, por assim dizer em agradecimento daquela que lhe sacrificamos. Recebemo-la, porém, para sermos fortalecidos e nos tornarmos capazes de novos sacrifícios. De cada vez que recebemos a retribuição divina na Sagrada Comunhão, unimo-nos a Cristo cada vez mais íntima e profundamente, e tornamo-nos capazes de realizar todos os sacrifícios que nos são exigidos: *Tudo posso naquele que me conforta* (Fl 4, 13).

Quem se esquece de comer o seu pão debilita-se e não pode admirar-se se chegar à encruzilhada e não conseguir avançar. As palavras do anjo ao profeta Elias: *Levanta-te e come! Tens ainda um longo caminho a percorrer* aplicam-se a todos nós. Se o profeta pôde caminhar pelo deserto durante quarenta dias e quarenta noites, tendo por alimento apenas pão cozido debaixo da cinza (cf. 1 Rs 19, 5-8), também nós deveríamos poder prosseguir a nossa caminhada através da vida ao menos por um dia e uma noite, por uma semana ou um mês, nutridos com o alimento divino.

Quando Cristo andou pela terra, bastou a alguns tocar a orla da sua túnica para que ficassem curados (cf. Mt 14, 36), porque saía dEle uma virtude que curava todas as enfermidades (cf. Lc 8, 46). Que força não emana do Salvador sobre nós, se não só tocamos a orla da sua túnica, mas nos unimos intimamente com Ele por meio da Sagrada Comunhão!

Todos aqueles que participam do sacrifício, sacerdotes e fiéis, têm direito à Comunhão. Para os sacerdotes, é evidente que o sacrifício e a Comunhão são inseparáveis, e os fiéis deveriam pensar o mesmo, se estão com as devidas disposições, isto é, em estado de graça e em jejum. Para nós, não pode haver, não podemos imaginar nada mais valioso do que a Comunhão. Se vivêssemos perfeitamente a Santa Missa, se dela participássemos em espírito de oração, se partilhássemos da Comunhão e comêssemos o pão dos fortes, tudo se modificaria para nós, pecadores, obrigados a carregar a cruz.

Não foi em vão que o Salvador, tanto ao prometer como ao instituir a Sagrada Eucaristia, sublinhou mais o seu caráter de alimento do que de sacrifício: *Se não comerdes a carne do Filho do homem* [...], *não tereis a vida em vós* [...]. *Aquele que come a minha carne* [...] *tem a vida eterna* [...]. *Porque a minha carne é verdadeiramente comida...* (cf. Jo 6, 53-58). *Tomai e comei* [...], *bebei dele todos* (cf. Mt 26, 26-27).

Os pagãos também encaravam o sacrifício mais como alimento do que como sacrifício. Traziam o animal ao sacerdote, que o imolava e dividia. As melhores partes eram queimadas sobre o altar da divindade. Como para os pagãos os deuses eram seres espirituais, a carne tinha de ser "espiritualizada", isto é, queimada para poder servir-lhes de alimento. Imaginava-se que os deuses se alimentavam respirando o odor evolado, e depois, para agradecer, desciam à terra e se uniam à restante carne do animal sacrificado. Assim os homens comiam a carne do sacrifício na crença de que desse modo se uniam à força dos deuses. Para os pagãos, o sacrifício e a refeição sacrificada constituíam uma unidade tal que não concebiam que se pudesse dissociá-los.

Para nós, cristãos, tornou-se realidade aquilo que os pagãos só vagamente vislumbravam. Deus oferece-se como alimento a nós: *A minha carne é verdadeiramente comida* [...]. *Aquele que come a minha carne tem a vida eterna* (Jo 6, 55.54). Também para os judeus a comida — pelo menos em muitos casos — era mais importante do que o sacrifício.

Na Igreja primitiva, os fiéis viam no sacrifício e na Comunhão uma unidade; aliás, nem podiam imaginar que fosse diferente. Aquele que participava do sacrifício participava da Comunhão e, por sua vez, quem não pudesse participar da Comunhão também não podia participar do sacrifício.

Sacrifício e eternidade

Como o homem é livre, sempre pode dizer a Deus: *Não te servirei* (Jer 2, 20). Nem sempre é fácil decidirmo-nos por Deus, submetermos a nossa vontade à sua, porque o Senhor nada nos oferece para o momento presente. Por outro lado, seduzem-nos os caminhos ricos de prazer, que pedem para ser trilhados. Somos forçados então a optar por um lado ou outro, porque no sobrenatural não há neutralidade possível: *Quem não está comigo está contra mim* (Lc 11, 23).

Há uma linha bem definida que divide a humanidade: à direita, fica a comunidade de Deus; à esquerda, a de Satanás (cf. Ap 2, 9; 3, 9). É sim ou não, mas nunca sim e não ao mesmo tempo (2 Cor 1, 17). Quem disser sim a Deus diz não a Satanás; mas, quem disser não a Deus, disse já um sim a Satanás.

Quem sacrificar a Deus será divinizado, quem sacrificar a Satanás será "satanizado". A verdade é que somos sempre dominados apenas por um, ou Deus ou Satanás, porque não há outra alternativa. E somos nós que determinamos quem nos há de dominar, habitar em nós. E está também na nossa mão a medida em que Deus ou Satanás nos dominarão, uma vez que tudo depende única e exclusivamente dos nossos sacrifícios, e a "transubstanciação" será como for o "sacrifício".

O sacrifício é o pressuposto da transubstanciação e da Comunhão, e tudo depende dele: o tempo e a eternidade. Esta não se decide na eternidade, mas agora, no tempo. Poderíamos dizer que a eternidade se prepara neste mundo. É neste mundo que a adquirimos, porque ela é o prolongamento da vida que vivemos, o eco deste mundo. Não há comparação que esclareça devidamente as relações estreitas e íntimas entre a nossa vida neste mundo e no outro.

Quem tiver passado toda a vida recebendo das mãos de Deus o que Ele lhe dá, esse está totalmente sacrificado, totalmente transubstanciado em Cristo e, através dEle, unido com Deus. Quando à hora da morte caírem os véus, veremos aquilo que seremos para toda a eternidade ou seja aquilo que fomos. Já agora trazemos em nós o reino dos céus e o Senhor (cf. Lc 17, 21).

Para falar com toda a propriedade, após a nossa morte não é necessário um juízo especial. Somos nós que nos julgamos a nós próprios, somos nós mesmos os nossos juízes, e a nossa vida é o nosso tribunal. Trazemos já em nós a nossa sentença e por isso não é longo o caminho que vai do nosso leito de morte ao "lugar" que nos é destinado para todo o sempre: já estamos nele. Os sacrifícios da nossa vida colocaram-nos no céu ou no inferno e assim, ao morrer, já fomos julgados e estamos no "nosso" lugar.

Cada pedra da nossa morada celestial é um bom pensamento que tivemos, uma boa palavra que pronunciamos, uma boa obra que realizamos na terra. E, vice-versa, cada pedra da nossa morada no inferno é um pensamento, uma palavra, uma obra que tivemos em desobediência à vontade divina. No inferno, os condenados podem decompor em parcelas os suplícios que experimentam, e reconhecer a origem de cada uma delas na sua vida terrena. Podem dizer que este sofrimento nasceu daquele pecado e esta dor daquela culpa, cometidos num determinado dia e a uma hora determinada.

A eternidade depende, pois, de nós e não de Deus. A vida e a morte, o céu e o inferno, a bênção e a maldição, tudo está nas nossas mãos. Podemos escolher, somos o sacerdote da nossa vida, da nossa eternidade. A colheita é determinada pela semente. Sacrifiquemo-nos, pois, ao Senhor, momento a momento, como boa semente, para que Cristo nos possa transubstanciar.

O SOFRIMENTO E A ORAÇÃO

A par do sacrifício, a oração é a atividade mais elevada e mais espiritual do homem, porque é união com Deus. Diz um provérbio que a miséria ensina a rezar. Mesmo que a dor não nos ensinasse mais do que a rezar, já teria valido a pena. As grandes dores e as grandes misérias impelem-nos para Deus.

Quando os homens já não encontram maneira de suavizar a sua dor, quando já não encontram conforto junto dos seus semelhantes, quando falham todos os recursos humanos, os seus olhos dirigem-se instintivamente *para os montes de onde lhes vem o auxílio* (cf. Sl 120, 1). Todos sabemos como é grande o número daqueles a quem a dor fez reencontrar Deus, de quem se haviam afastado nas horas de felicidade.

O que aconteceu ao filho pródigo passa-se com muita gente. Vivia bem em casa do pai, possuía tudo em abundância e não tinha preocupações. E como se sentia demasiado bem, voltou as costas à casa paterna. Mas quando a desgraça lhe bateu à porta e se viu feito guardador de porcos, sem poder matar a fome com as bolotas que os porcos comiam, *entrou em si*. Realizou-se então nele uma grande transformação: *E, levantando-se, foi ter com seu pai* (cf. Lc 15, 11-24).

A miséria ensina a rezar. Quando uma coisa nos interessa verdadeiramente, sabemos sempre falar, falar com insistência.

O cristão e a dor

Quanto maior for a nossa miséria, mais urgente será a necessidade de pedirmos auxílio, e quanto melhor virmos que só Deus nos pode ajudar, mais íntima, mais veemente, mais perseverante será a nossa oração: *Na minha tribulação, invoquei o Senhor* (Sl 17, 7).

A oração acalma-nos, faz-nos voltar para nós mesmos. Quando um homem desesperado e enfraquecido consegue forças para rezar, já está meio salvo. Quando se têm as mãos sujas, basta lavá-las para que fiquem limpas. Se o nosso coração estiver cheio de tristeza, basta-nos rezar e ela desaparecerá. Assim como a água vence a sujeira, assim a oração vence a tristeza. Quem sofre e está triste deve confiar a sua alma a Deus (cf. Tg 5, 13).

"Tudo o que pedirdes com fé..."

A Sagrada Escritura recorda-nos inúmeras vezes que uma oração perseverante e confiante é sempre ouvida pelo Senhor: *Invocarás o Senhor, e ele te atenderá. Chamarás por Ele e Ele te dirá: Eis-me aqui* (Is 58, 9). *Sabei que o Senhor vos ouvirá se perseverardes na oração e no jejum perante o Senhor* (Jdt 4, 12).

No Novo Testamento, são ainda mais frequentes passagens semelhantes: *Todas as coisas que pedirdes com fé na oração, obtê-las-eis* (Mt 21, 22). *Todas as coisas que pedirdes orando, crede que as haveis de conseguir, e as obtereis* (Mc 11, 24). *Se permanecerdes em mim, e as minhas palavras permanecerem em vós, pedireis tudo o que quiserdes, e ser-vos-á concedido* (Jo 15, 7).

Perante afirmações tão numerosas e tão claras, não admira que algumas pessoas se sintam decepcionadas por não serem ouvidas nas suas orações. Na maior parte dos casos,

O SOFRIMENTO E A ORAÇÃO

a razão está na própria oração: *Pedis e não recebeis porque pedis mal, com o fim de satisfazerdes as vossas paixões* (Tg 4, 3). No entanto, acontece por vezes que orações aparentemente feitas com todos os requisitos de uma boa prece não são ouvidas, ao passo que, por outro lado, é evidente que em alguns casos Deus satisfaz os desejos de pecadores.

Os judeus eram da opinião de que Deus não ouvia os pecadores, como se lê na Sagrada Escritura: eles *invocar--me-ão e eu não os ouvirei. Procurar-me-ão e não me acharão* (Pr 1, 28; cf. 21, 13 e Jo 9, 31). Ora, se mesmo assim Deus ouve o pedido de pecadores no que diz respeito a coisas terrenas, é porque é justo. Não há homem algum, por mau que seja, que não realize uma ou outra boa ação nesta vida, e, como Deus não pode recompensar os pecadores na outra, recompensa-os já na terra pelo bem que fizeram. Eis a razão do bem-estar de tantos homens maus neste mundo. Abraão respondeu às queixas do rico avarento: *Filho, lembra-te de que recebeste os teus bens em vida, e Lázaro, males; por isso ele é agora consolado, e tu atormentado* (Lc 16, 25).

Todas as nossas orações serão ouvidas, se tiverem por fim a honra e a glória de Deus, a salvação da nossa alma ou da dos outros. Mas, quando pedimos a Deus que nos alivie o sofrimento ou nos permita adquirir bens terrenos, basta raciocinarmos um pouco para compreender que Ele nem sempre pode atender às nossas súplicas.

Nesse terreno, não sabemos o que pedimos[1]. Vemos apenas o presente, com a sua miséria e a sua dor, e o nosso

---

1 Não temos a mínima ideia do que é bom para nós. O que por vezes julgamos que é para nosso bem é para nosso mal. E o que julgamos que nos prejudica só nos faz bem. "Se estiverdes doentes, não prescrevais ao médico o remédio que vos faz bem" (Santo Agostinho).

desejo é livrarmo-nos da primeira o mais depressa possível e fugirmos da segunda. Mas afinal talvez essa miséria e essa dor sejam precisamente indispensáveis para a nossa salvação ou para a de outros. Se Deus desse ouvidos a todas as nossas preces, é possível que nos perdêssemos para toda a eternidade, e conosco muitas outras pessoas.

Suponhamos que uma mãe, ao ver o filho moribundo, teima em pedir a Deus que o salve. Quem lhe diz que essa criança, uma vez curada, não terá mais adiante uma vida censurável, não arrastará a mãe e a família para a vergonha, além de incorrer na condenação eterna?

É loucura e temeridade querer, por assim dizer, obrigar Deus a fazer-nos a vontade. Temos o direito de pedir coisas terrenas ou a libertação de dores, até porque muitas vezes, neste último caso, Deus fá-la depender das nossas orações. Mas quaisquer que sejam as circunstâncias, devemos orar sempre dizendo: *Seja feita a tua vontade, e não a minha.*

Muitas vezes, não sabemos nem mesmo o que devemos pedir (cf. Rm 8, 26). Não sabemos o que serve para a nossa salvação e por isso devemos deixar a Deus a liberdade de escolher. Ele só nos enviará dores se elas forem necessárias, e, de qualquer modo, nunca serão mais pesadas do que devem ser. Deus ama-nos mais do que nós nos amamos a nós mesmos e por isso tudo o que Ele manda está bem, ainda que não o compreendamos. Tudo o que de inesperado ou doloroso nos possa atingir está certo, é enviado por Deus.

Nestas condições, valerá a pena ainda pedir algo a Deus, se Ele só faz a sua vontade? Nós não somos míseras criaturas, entregues à vontade inexorável de um Deus que lança sobre nós a misericórdia ou a perdição, sem que nada possamos fazer. Estamos entregues ao seu amor paternal e não à sua arbitrariedade; por isso, não há nada mais belo do que entregarmo-nos incondicionalmente a essa bondade paternal divina, e a melhor das nossas súplicas é sempre: "Senhor, seja feita a tua vontade". A vontade divina tem sempre por fim a nossa salvação, e essa prece é ao mesmo tempo a mais bela oração de adoração, a mais bela oração de homenagem ao Senhor.

Deus ouve-nos para nossa salvação

Nós temos de pedir, porque Deus nos exorta a fazê-lo: *Pedi..., buscai..., batei...* (cf. Mt 7, 7-8). Como já dissemos, o Senhor faz depender das nossas súplicas a realização de alguns dos nossos desejos, e tanto os que se referem a coisas terrenas como os que dizem respeito a coisas espirituais serão realizados, desde que sejam para nosso bem. Mais ainda: mesmo que as nossas súplicas redundassem em nosso prejuízo espiritual, não seriam em vão, mas seriam ouvidas de outro modo[2]. Vejamos dois exemplos.

Quando Satanás exigiu de Deus o poder de tentar Jó, Deus ouviu-lhe o pedido. Mas fê-lo apenas para fazer incidir mais luz sobre a paciência e a submissão de Jó, para nos dar a todos um modelo e para poder recompensá-lo mais tarde: *O Senhor devolveu-lhe em dobro tudo o que ele antes possuía* (Jb 42, 10). Atendendo ao pedido de Satanás, o Senhor tornou-lhe a derrota maior e mais evidente. Se não lhe tivesse satisfeito o pedido, Satanás diria que os santos só o eram enquanto o Senhor os abençoava e enriquecia:

---

2   "A nossa oração é sempre ouvida, não segundo os nossos desejos, mas sempre para nossa salvação" (Santo Agostinho).

O cristão e a dor

Mas estende a tua mão e toca em tudo o que ele possui; juro-te que te amaldiçoará [...]. Toca-lhe nos ossos e na carne; juro-te que te renegará (cf. Jb 1, 11; 2, 5). Satanás julgou poder preparar a Deus um grande desaire por intermédio de Jó, mas, sem o saber, cavou a sua própria derrota. Deus ouviu-o para sua perdição.

Em sentido contrário, o Senhor não satisfez as mais fervorosas súplicas do maior dos seus Apóstolos, que fizera por Ele mais que todos os outros (cf. 1 Cor 15, 10). Fora-lhe dado um espinho na carne, um mensageiro de Satanás, para o esbofetear. Três vezes rogou ao Senhor que o libertasse, mas Ele respondeu-lhe: *Basta-te a minha graça, porque é na fraqueza que se manifesta por completo o meu poder*. Deus não o ouviu para o elevar mais tarde. Quanto mais fraco São Paulo se sentia, mais Deus podia agir nele e por ele. Quanto menos São Paulo agia em si, tanto mais Cristo agia nele. E assim, na sua "fraqueza", o Apóstolo fez mais por Deus e pelas almas do que na sua força, e na doença mais do que na saúde: *Quando mais fraco me sinto, então é que sou forte* (cf. 2 Cor 12, 7-10).

As boas orações são sempre ouvidas, nem sempre como nós desejamos, mas tal como é necessário para a nossa salvação; entreguemo-nos, por isso a Deus, confiemos no Senhor, que nos dá sempre antes de mais que de menos. "Ó Deus eterno e onipotente, que pela abundância da vossa bondade excedeis os méritos e os desejos dos suplicantes...". Ele sempre nos dá mais do que conseguimos pedir ou imaginar (cf. Ef 3, 20).

As duas irmãs Marta e Maria enviaram mensageiros ao Salvador, dizendo: *Senhor, aquele que tu amas está doente*. Ora Jesus não se pôs imediatamente a caminho, acompanhando os mensageiros, como as duas irmãs tinham

O SOFRIMENTO E A ORAÇÃO

esperado, mas demorou-se quatro dias. Foi uma dura prova para Maria e Marta. Ele ajudava tanta gente, caminhantes, por vezes pecadores que nem precisavam manifestar os seus desejos... E a elas, que tanto tinham feito por Ele e pelos Apóstolos, não as socorria... Jesus não lhes atendeu o pedido e, não obstante, atendeu-o de uma maneira que elas não teriam ousado pedir. Fê-las esperar porque tinha intenções mais elevadas. A doença e a ressurreição de Lázaro iam servir *para a glória de Deus, a fim de que o Filho de Deus seja glorificado por ela* (cf. Jo 11, 3-7).

Por vezes, o Senhor também nos faz esperar, e durante muito tempo: *Até quando, Senhor, clamarei e não me escutarás?* (Hab 1, 2). Mas será que *aquele que plantou o ouvido não ouvirá?* (Sl 93, 9). *A mão do Senhor não se encurtou para não poder salvar, nem o seu ouvido se ensurdeceu para não ouvir* (Is 59, 1). Ouvir-nos-á quando chegar a hora (cf. Is 49, 8; 2 Cor 6, 2) e cuidará de nós (cf. 1 Pe 5, 7). Por vezes, deixa que soçobremos, mas nunca que nos afoguemos (cf. Mt 14, 28-32).

Unamos a nossa voz à do Salvador no Horto das Oliveiras para suplicarmos instante, encarecida e confiantemente, no meio das nossas dores: *Meu Pai, se é possível, passe de mim este cálice; não se faça, porém, como eu quero, mas como tu queres* (Mt 26, 39.42.44). Se o Senhor não nos puder ouvir, como não pôde ouvir o seu Filho, enviar-nos-á um anjo — embora invisível — que nos fortaleça para continuarmos a levar a nossa cruz.

Em confiança plena

Como é difícil esperar! Somos impacientes e queremos tudo imediatamente, sem demoras. Mais difícil ainda é esperar sob o fardo da cruz, quando as dores nos afligem, quando nada mais podemos fazer. Mas é então que as almas se purificam, muito mais do que através de uma intensa atividade. Saber esperar é a arte da vida, a arte da santificação, porque esperar serenamente quando as dores nos afligem exige mais energia, mais força de vontade do que para agir.

Ai daqueles que perdem a paciência (Eclo 2, 16), porque só com ela se efetiva a obra da provação (cf. Tg 1, 4). Assim como o lavrador espera pacientemente o precioso fruto da terra, também nós temos de perseverar com toda a força do coração (cf. Tg 5, 7-11). A tribulação produz a paciência, a paciência a prova, a prova a esperança, e a esperança não engana (cf. Rm 5, 3-5). Mediante a paciência, tornamo-nos herdeiros das promessas divinas (cf. Heb 6, 12).

A paciência parece necessária até mesmo no céu. O vidente de Patmos ouviu as almas dos homens imolados queixarem-se ao Senhor por não julgar e vingar o seu sangue contra os habitantes da terra: *E foi-lhes dito que aguardassem ainda um pouco, até que se completasse o número dos seus conservos e irmãos que estavam como eles para ser mortos* (cf. Ap 6, 10-11). *Ainda mais um pouco de tempo, e aquele que há de vir virá e não tardará* (Heb 10, 37-38).

A dor deve levar-nos à oração, deve ensinar-nos a orar, e a orar bem. Se pela dor reencontrarmos o Senhor na oração, essa dor terá cumprido a sua missão e as suas águas baixarão, como baixaram as do dilúvio quando se fecharam as fontes do abismo (cf. Gn 8, 1-3).

A DOR NO MUNDO E NA ETERNIDADE

Santo Agostinho costumava pedir a Deus que o afligisse neste mundo, mas o poupasse na eternidade. Assim deve ser a nossa oração, porque mais vale sofrer neste mundo do que no outro, uma vez que as dores mais atrozes que aqui nos podem afligir nada são comparadas com o menor sofrimento na eternidade. Como todos nós temos de sofrer, vale cem, mil vezes mais que nos purifiquemos por meio de sofrimentos temporais do que cairmos para todo o sempre nas penas do inferno.

A oração de Santo Agostinho brota com certeza do mais íntimo do coração de todos nós, porque neste mundo talvez seja possível adaptarmo-nos a todas as dores, a todos os tormentos, mas ninguém pode acostumar-se às penas eternas do inferno.

Não sabemos explicar como são compatíveis as penas eternas do inferno e o amor e a misericórdia divinas. Há pessoas que os consideram realmente incompatíveis e, querendo continuar a crer na misericórdia divina, resolvem, se não negar a existência do inferno, pelo menos tirar-lhe a sua característica de eternidade.

Ora, essa ideia é falsa. Para aceitá-la, teríamos de negar a recompensa eterna no além, negar o próprio Deus, ao contrário de tudo o que nos testemunha a Sagrada Escritura. Tanto a existência de Deus como a de uma retribuição eterna são verdades de fé. Quem negasse o inferno teria de negar toda a Revelação. E se não houvesse inferno, o nosso lema seria: *Comamos e bebamos porque amanhã morreremos* (Is 22, 13). A nossa existência só tem sentido porque há um Deus, uma ressurreição dos mortos e uma vida eterna com a sua recompensa e o seu castigo eternos.

"Compreensão" do inferno"

Se não podemos explicar o inferno, ao menos podemos adquirir uma certa "compreensão" dele a partir do amor misericordioso de Deus. O Senhor não quer a morte do pecador, mas que se arrependa e viva (cf. Ez 18, 23). Respeitando embora a liberdade humana, Deus tenta tudo para nos livrar da condenação eterna. Começa por falar-nos na linguagem do amor; mas quem lhe presta ouvidos? Então, vê-se "forçado" a utilizar a do sofrimento; nós, porém, muitas vezes nem assim lhe damos ouvidos. E como Ele não nos quer abandonar, porque nos comprou por alto preço, fala-nos em voz mais sonora e mais explícita, tal como se deve falar a ouvidos ensurdecidos e corações empedernidos, isto é, na linguagem das catástrofes, embora a experiência mostre que até mesmo essa voz é frequentemente ignorada ou desprezada.

Como Deus quer a todo o custo salvar os homens e fazê-los felizes por toda a eternidade, vê-se perante um último e único meio, um meio tremendo, que emprega por puro amor: ameaça-nos com as penas eternas do inferno, se não nos submetermos à sua vontade. O Senhor não poderia falar-nos mais explicitamente. O medo deste castigo eterno com certeza tem conseguido submeter muita gente à vontade divina, fazer os pecadores recuarem no caminho do pecado e entrarem no do Senhor. Mas também é verdade que são muitos aqueles a quem esta ameaça não consegue deter na senda do mal.

Se o inferno, com as suas penas eternas, não consegue impressionar muitas pessoas, o que aconteceria se fosse temporalmente limitado? Impressionaria tão pouco como o purgatório. A eternidade pertence ao inferno, faz com que seja inferno. Por isso são verdadeiras as palavras que Dante colocou à entrada do inferno, aconselhando os que lá entravam a despojar-se para sempre de toda a esperança.

No céu e na terra, tudo se encontra subordinado a dois polos. Um é Deus, a luz, em quem não há trevas (cf. 1 Jo 1, 5), que habita uma luz inacessível e é essa própria luz. O polo oposto a Deus é o "príncipe das trevas", que habita na escuridão extrema (cf. Mt 8, 12), nas trevas mais densas (cf. Jd 13).

Todas as criaturas humanas vivem entre esses dois polos. Por causa do pecado original, viviam todos nas trevas, todos jaziam na região da sombra da morte (cf. Mt 4, 15-16). Veio então Cristo, a luz, e brilhou nas trevas, e iluminou todos os homens que vêm a este mundo (cf. Jo 1, 5.9). A todos foi oferecida a possibilidade de se tornarem filhos da luz. Mas o grande *mistério da iniquidade* (2 Ts 2, 7) é que os homens não aceitaram a luz, não olharam como bem-vindas a manhã e a vida nascentes, recusaram-nas e preferiram as trevas, a noite, a morte. Todo aquele que pratica o mal odeia a luz e não se aproxima dela, mas aquele que percorre o caminho da verdade, esse dirige-se para a luz (cf. Jo 3, 19-21).

E será na medida em que na vida terrena nos tivermos aproximado da luz que ela nos iluminará na eternidade, assim como as trevas que nos envolverão na eternidade serão aquelas em que tivermos caminhado no mundo.

"Foi o amor eterno que me criou"

Poderíamos sentir-nos tentados a designar o inferno como o lugar da justiça divina, mas não estaríamos dentro da verdade. O inferno é antes um lugar da misericórdia divina. Sobre a porta de entrada do inferno, por cima das palavras a que já fizemos referência, Dante escreveu outras, indicando que esse lugar foi criado pelo amor eterno. Se aos condenados fosse dada a liberdade de sair do inferno para procurarem outra morada eterna, procurariam e tornariam a procurar, e acabariam por regressar a esse lugar, porque seria o menos tormentoso. Em caso algum se aproximariam de Deus, porque isso lhes aumentaria as dores[1].

Para olhos doentes, não há nada mais doloroso do que uma luz crua e ofuscante. Quem tem olhos doentes procura afastar-se do caminho da luz e vai instintivamente refugiar-se nas trevas. Para os condenados, não pode haver coisa mais horrorosa que a luz, que eles temem e odeiam. Deus, que habita na luminosidade extrema, seria para eles o mais terrível dos tormentos.

Na sua misericórdia infinita, o Senhor deu aos condenados um lugar de trevas, para que nele possam ocultar-se

---

[1] "Para um coração impuro, não pode haver maior infelicidade do que ver-se colocado repentinamente na proximidade de Deus" (Cardeal Newman).

da Luz Eterna. Cada um está no *seu* lugar, naquele que "mereceu" pelos seus pecados. Em nenhum outro o suplício seria mais brando, em qualquer outro redobraria de violência.

Para os condenados não há, pois, esperança de libertação, nem de alívio para os seus sofrimentos, nem de adaptação ou de insensibilidade à dor pelo hábito. Os que entram no inferno despojam-se de toda a esperança.

Ninguém deve tentar descrever os suplícios do inferno. É tão impossível descrevê-los como imaginar as alegrias do céu. Ao tentarmos descrever esses tormentos, podemos cair no mau gosto, mas, infelizmente, nunca no exagero, porque ultrapassam tudo o que a fantasia ou a razão possam imaginar.

Não é indiferente o número dos pecados que nos levam ao inferno. Deus *retribuirá a cada um segundo as suas obras* (Rm 2, 6). O homem é punido pelos pecados que cometeu (cf. Sb 11, 16). Cada pecado será castigado conforme a sua espécie: o do orgulho diferentemente do da sensualidade, o da crueldade diferentemente do da injustiça, e assim por diante. Cada pecado será punido ainda de acordo com a sua gravidade e com o número de vezes que tiver sido cometido.

Os condenados reconhecerão que o seu castigo é justo, e verão até ao último pormenor as mais íntimas relações entre os seus pecados e os castigos. Será esse o verme que os rói e não morre (cf. Is 66, 24; Mc 9, 44), porque verão que são eles os culpados do tremendo castigo e que tudo poderia ter sido diferente se... não tivessem acordado demasiado tarde.

São Bernardo disse certa vez que era melhor descer em vida ao inferno para não cair lá depois da morte.

O cristão e a dor

É bom pensarmos nos tormentos do inferno, para que nos enchamos de um sadio temor. O medo ao Senhor é o princípio da sabedoria (cf. Sl 110, 10), afugenta o pecado (cf. Ecl 1, 27; Ex 20, 20) e conduz-nos a uma santidade cada vez maior (cf. 2 Cor 7, 1).

Na hora da tentação, o pensamento de um castigo eterno ajudar-nos-á a suportar os pequenos e breves sacrifícios que a vitória sobre a tentação nos pede. Quem pensa nos eternos e tremendos suplícios do inferno conforma-se com maior facilidade com a cruz e as dores terrenas.

Diz-se que o Pe. Nieremberg pedia ao Senhor dores e contrariedades para escapar ao fogo do inferno. Os seus desejos foram ouvidos. Uma doença horrorosa atormentou-o durante mais de dez anos e ele suportou tudo com paciência e alegria. Quando as dores se tornavam mais fortes e pareciam fogo que lhe devorava o corpo enfermo, dizia para si próprio: *"Non est ignis aeternus"*, "Este fogo não é eterno". E era sempre com essas palavras que recebia as almas compassivas que o visitavam e lamentavam o seu sofrimento.

Por grandes que sejam as nossas dores de agora, são breves e dentro em pouco desaparecerão, ao passo que o inferno é eterno. É secundário que vivamos muitos ou poucos anos neste mundo. O que importa é que, quando chegar a hora de sermos julgados, possamos estar à direita do Senhor. Por isso, oremos com Santo Agostinho, pedindo a Deus que nos mande aflições neste mundo, mas nos poupe no outro.

MARIA, MODELO DOS QUE SOFREM

Só se conhecêssemos a glória que uma pessoa alcançou no céu é que poderíamos calcular a medida em que sacrificou a sua vontade. Porque a altura da elevação corresponde à profundeza do sacrifício.

Quando veneramos em Nossa Senhora a Rainha do céu e da terra, fazemo-lo porque Ela foi neste mundo a Rainha dos mártires. E se goza no Céu de uma glória superior à de qualquer anjo ou santo, é porque ninguém como Ela se viu mergulhada num oceano de dor: *Ó vós todos que passais pelo caminho, olhai e vede se há dor semelhante à minha dor.* [...] *A quem te compararei, a quem te assemelharei, ó filha de Jerusalém? Quem acharei igual a ti para te consolar, ó virgem de Sião?* (Lm 1, 12; 2, 13).

O caminho de Nossa Senhora foi uma senda de dor

Paralelamente à vida do Divino Mestre, a de Nossa Senhora é uma prova especial de que só o caminho da dor conduz à glória eterna, e de que os caminhos trilhados pelos maiores santos foram também os mais dolorosos. Se houve seres humanos que neste mundo sempre renunciaram à *sua* vontade, foram com certeza Jesus e sua Mãe, e no entanto ninguém teve uma vida mais tormentosa e difícil. Haverá melhor prova de que a dor nem sempre está relacionada com os pecados pessoais, de que nem sempre é um castigo pelas faltas próprias?

A vida da Santíssima Virgem — tal como a do seu Divino Filho — mostra-nos ainda que os sofrimentos pessoais crescem com a grandeza da missão que se deve levar a cabo. Na aparência, a vida de Nossa Senhora não se apresenta sublime como a de alguns santos, que podemos admirar, mas não imitar. Foi uma vida que decorreu em moldes singelos, sem sacrifícios que não pudessem ser atingidos ou ultrapassados por outras mulheres ou mães. Mas se, no seu conteúdo, a dor de Maria pôde e pode ser ultrapassada por muitas outras dores, no *modo* como a viveu, ninguém sofreu como Ela.

A sua vida foi tão singela que, à exceção dos três dias da Paixão que sofreu com o Filho, nada notamos de grandes dores e sacrifícios, mortificação e severidade. E, no entanto, nada lhe foi poupado. Ninguém atingiu uma união tão profunda com Deus como Ela; ora, como sabemos, a comunhão e a união têm sempre por base uma transformação que, por sua vez, assenta no sacrifício. Também para Maria não houve purificação nem transformação sem sacrifício. Se Ela se uniu a Deus como nenhuma outra pessoa, isso quer dizer que ninguém como Ela se sacrificou tão consciente e livremente à vontade de Deus. E essa vida demonstra-nos também que, para esse sacrifício absoluto, não são necessárias grandes penitências externas, expiações escolhidas, mas apenas o sacrifício da vontade ao Senhor.

Para uma judia, não havia sacrifício maior que não ter filhos; por isso Ana, com profunda aflição e lágrimas ardentes, solicitou do Senhor essa graça (cf. 1 Sm 1, 10-20), e Zacarias e Isabel suplicaram insistentemente um descendente do sexo masculino (cf. Lc 1, 13). Entre as mulheres judias, estava bem acesa a esperança de ver o Messias num dos seus descendentes, e não ter filhos era renunciar para sempre a essa grande esperança. Maria, mais do que nenhuma outra, tinha a possibilidade de ser antepassada do Messias, porque era da casa real de Davi, e o profeta Isaías predissera que o Messias nasceria do tronco de Jessé, pai de Davi (cf. Is 11, 1). Foi, pois, com plena consciência e liberdade que Ela renunciou à mais profunda esperança do seu coração de mulher, para pertencer por inteiro ao Senhor.

"Eis a escrava do Senhor"

A intenção da sua vida era servir o seu Senhor, no silêncio e na solidão. No entanto, não se agarrou a essa resolução quando, no grande momento, em Nazaré, reconheceu a vontade de Deus. A sua vida foi encaminhada noutro sentido, precisamente aquele que Ela, por amor a Deus, não queria seguir.

Nossa Senhora, que renunciara a ver o Messias entre os seus descendentes, foi escolhida para sua Mãe. Deus lançou os olhos para a baixeza, humildade e modéstia da sua serva (cf. Lc 1, 48). Maria não compreendeu bem a mensagem do anjo e, apesar do receio que aquela aparição lhe inspirava — *Não temas, Maria* (cf. Lc 1, 30) —, não perdeu a tranquilidade. Pediu esclarecimentos, sem no entanto conseguir saber senão que, por detrás da mensagem do anjo, estava a vontade do Senhor. E inclinou-se, cheia de fé: *Eis a escrava do Senhor; faça-se em mim segundo a tua palavra* (Lc 1, 38).

O cristão e a dor

Essa submissão a Deus, com todo o seu ser, com toda a sua vida e todo o seu futuro, só foi possível graças a uma renúncia à sua vontade. Por isso a sua prima, Isabel, tocada pelo Espírito Santo, a elogiou com entusiasmo: *Bem-aventurada és tu que creste, porque se hão de cumprir as coisas que te foram ditas da parte do Senhor* (Lc 1, 45).

Maria queria viver ignorada, ao serviço do Senhor, e eis que é colocada no fulcro da vida. Os nove meses de tranquilidade até o Natal foram decerto as horas e os dias mais belos da sua vida. Só uma dor ensombrou nos começos esses dias de felicidade: José, seu esposo, que desconhecia o mistério que envolvia a sua maternidade, estava diante de um enigma e, sem saber que fazer, resolveu deixá-la secretamente (cf. Mt 1, 18-24). Maria notava-lhe a preocupação, o desgosto, a inquietação, e sofria certamente por ver José atormentado por dúvidas e incertezas por sua causa. Mas não tinha o direito de divulgar *o segredo do rei* (cf. Tb 12, 7) e tinha de esperar até que aprouvesse ao Senhor intervir.

Pouco antes de o Senhor nascer, a Virgem acompanhou José a Belém, cidade natal de ambos. Talvez nem tivessem feito grandes preparativos, pois certamente esperavam encontrar alojamento junto de parentes ou conhecidos. Mas enganaram-se. Ninguém os recebeu nem encontraram lugar na estalagem (cf. Lc 2, 7). O Senhor do céu e da terra viu a luz do mundo num estábulo.

Nós temos adornado o mistério do Natal de muitas lendas, tecemos à sua volta todo um rosário delas, mas a Sagrada Escritura nada diz sobre milagres que o tivessem acompanhado, nem o seu relato podia ser mais objetivo e sóbrio: *E deu à luz o seu filho primogênito, e o enfaixou e reclinou numa manjedoura* (Lc 2, 7).

MARIA, MODELO DOS QUE SOFREM

Só no campo dos pastores se deu um milagre. E quando eles chegaram e falaram de todos os acontecimentos insólitos, surgiu aos olhos de Maria um mundo novo ao qual teve de adaptar-se no mais íntimo do seu ser: *Ora, Maria conservava todas estas coisas, meditando-as no seu coração* (Lc 2, 19).

A apresentação do Filho no Templo de Jerusalém deu lugar a outra grande decepção. A Virgem sabia que todo o Israel, a capital principalmente, aguardava ansiosamente aquele *que há de ser Senhor em Israel* (Mq 5, 1). Ora quando Ele chegou à sua cidade, a cidade de Deus, não o reconheceram, nem mesmo o sacerdote que realizava o ato sagrado. Só dois idosos, Simão e Ana, aproximaram-se para adorar na criança o seu Deus e Senhor.

A Virgem compreendia que o Filho estava *posto para a ressurreição de muitos em Israel*, mas revelava-se-lhe agora que estava posto também para a perda de muitos e como *sinal de contradição*. Já nesse momento começava a ferir-lhe a alma a espada de que Simão lhe falara. Abria-se diante dela um novo caminho que Ela não sabia onde iria dar: *E seu pai e sua mãe estavam admirados das coisas que dele se diziam* (Lc 2, 33).

Para uma mãe, não pode haver nada mais belo do que cuidar de um filho recém-nascido. Repentinamente, essa felicidade doméstica de que gozava em Belém foi interrompida pela mensagem noturna do anjo. Tiveram que levantar-se a meio da noite e fugir para um país estranho (cf. Mt 2, 13).

A vida de Nossa Senhora sofreu a primeira transformação profunda quando o Salvador contava doze anos. Depois de o procurar durante três dias, cheia de aflição, foi encontrá-lo no templo e perguntou-lhe: *Filho, por que procedeste assim conosco?* E o Salvador respondeu-lhe: *Não sabíeis que devo ocupar-me nas coisas de meu Pai?* E Ela não compreendeu o que Jesus queria dizer-lhe (Lc 2, 48-51).

Quando Jesus iniciou a vida pública, Maria já só podia auxiliar o Filho por meio da oração, do sacrifício, da renúncia. Não pôde ser testemunha dos seus muitos milagres, dos seus maravilhosos sermões, que ninguém como ela entenderia. Outras mulheres piedosas puderam acompanhá-lo e assisti-lo com os seus bens (cf. Lc 8, 2-3; Mc 15, 40-41). Jesus e Maria seguiam o caminho marcado pelo Pai, sem dar atenção aos desejos dos seus corações.

Não deve ter sido fácil para a mãe desligar-se do Filho, íntima e exteriormente. Preocupava-se com Ele e deve ter sofrido quando não o deixaram continuar a falar na sinagoga de Nazaré e o lançaram fora da cidade (cf. Lc 4, 28-30). Não a teriam apontado a dedo em Nazaré?

O povo sentiu em breve que a tensão entre Cristo e as autoridades ia crescendo. Dizia-se que queriam atentar contra a sua vida e esperavam apenas uma ocasião favorável. Não tardou que Maria recebesse a notícia de que todos os que o apoiavam tinham sido expulsos da comunidade judaica (cf. Jo 9, 34-35) e com certeza temia pela vida do Filho. Vivia numa ansiedade constante, sempre receosa de que o prendessem.

O ambiente em que vivia não lhe tornava mais fáceis a cruz e o sofrimento. Os parentes preocupavam-se também com o Senhor, mas não pela mesma razão que a Mãe. Temiam sofrer as consequências quando chegasse o momento da desgraça, e, com o decorrer do tempo, todos sabiam que esse momento se aproximava. Por isso é natural que instassem junto da Virgem para que usasse de toda a sua influência para levar o Filho a retirar-se da vida pública. E acabaram por espalhar o boato de que estava louco (cf. Mc 3, 21), o que era o mesmo que dizer que não se responsabilizavam por coisa alguma que lhe dissesse respeito...

Durante a via dolorosa do Filho

Quando começaram os grandes sofrimentos do Salvador, sua Mãe achou-se de novo a seu lado e assistiu à sua morte. *De pé junto à cruz de Jesus estava a sua Mãe* (Jo 19, 25). Poderá haver dor maior para uma mãe do que ver o seu filho morrer no meio dos maiores tormentos? Agar deixara o filho moribundo no deserto e afastara-se dele à distância de um tiro de flecha para não o ver morrer (cf. Gn 21, 15-16). Quem sabe se uma mãe não sentirá mais as dores do filho amado do que se as sofresse ela própria? Não seria para ela uma grande consolação poder aliviar o filho dos seus sofrimentos? Um jornalista americano que se converteu ao catolicismo em 1917, na Suíça, escrevia à mulher, do leito de morte onde o prostrara uma dolorosa enfermidade, e dizia-lhe que a sua cruz era sofrer e a dela vê-lo sofrer sem poder ajudá-lo. O mesmo se passou no Gólgota.

Maria não compreendia qual era a vontade de Deus, que deixava o próprio Filho sofrer tais tormentos. No templo de Jerusalém, ainda ela perguntara: por quê? Mas agora que, com mais direito ainda, podia repetir a pergunta, não o fez. Sabia já que não se deve interpelar o Senhor, mas aceitar a sua vontade, por incompreensível e misteriosa que se mostre.

O cristão e a dor

Segundo as *Atas dos Mártires*, Santa Felicidade viu os seus sete filhos serem cruelmente martirizados, um após o outro. Sete vezes deve ter essa mãe sofrido o indizível[1]. Quando chegou a sua vez, a morte não lhe custou. Assim Maria morreu sete vezes sob a cruz, e a maior das suas dores foi não poder acompanhar o Filho na morte. Nada pôde fazer por Ele. Teve de permanecer ali, imóvel e "inativa", e ver como Ele sofria numa agonia de três horas. Mais uma e suprema vez Maria teve de renunciar à sua vontade e oferecer-se em sacrifício, com o Filho, pela redenção dos homens.

Pode haver mães que tenham sofrido mais do que Maria ao dar à luz o seu Filho num estábulo, ao vê-lo incompreendido, vilipendiado, perseguido e finalmente morto. Em cada uma das suas dores, Maria pode ter sido ultrapassada por muitas mulheres e mães. Mas a Virgem ultrapassou-as a todas, ultrapassou todos os mártires, foi a Rainha dos mártires: *Vede se há dor semelhante à minha dor*.

Só sabe sentir uma dor aquele que a experimentou. *Por ele mesmo ter padecido tribulações é que pode socorrer os que são tentados* (Heb 2, 18). Se, depois de Cristo, alguém pode compreender as nossas dores, compadecer-se delas, esse alguém é — em união estreitíssima com os sofrimentos do seu Filho — Maria, a *Mater dolorosa*. A Virgem é a "onipotência suplicante", e ajudar-nos-á: nem sempre poderá livrar-nos da cruz, mas dar-nos-á forças para a levarmos até ao fim com paz e com garbo.

---

[1] *Martírio de Santa Felicidade e dos seus sete filhos, sob Marco Aurélio e Lúcio Vero*, em Daniel Ruiz Bueno, *Actas de los mártires*, 5ª ed., BAC, Madrid, 1996, pp. 293-298.

Sacrifiquemo-nos a Deus, como o fez Maria, sigamo-la, a Ela e ao seu divino Filho no caminho do Calvário! Se nos dispusermos a percorrer o caminho que leva à obediência e ao abandono do eu, ser-nos-á dado segui-los também no caminho da glória celestial. E lá veremos então como eram boas as intenções de Deus a nosso respeito e que, por detrás de cada sofrimento, estava apenas o amor, o imenso amor divino.

Direção geral
Renata Ferlin Sugai

Direção de aquisição
Hugo Langone

Direção editorial
Felipe Denardi

Produção editorial
Juliana Amato
Gabriela Haeitmann
Karine Santos
Ronaldo Vasconcelos

Capa
Gabriela Haeitmann

Diagramação
Sérgio Ramalho

ESTE LIVRO ACABOU DE SE IMPRIMIR
A 19 DE MARÇO DE 2025,
PARA A QUADRANTE EDITORA.

OMNIA IN BONUM